CONTENIDO

REST IN
Robert L. Ripley
December 25, 1890 – May 27, 1949
PIZZA
Home Delivery or Take-Out

Ripley

¡Aunque Ud. No Lo Crea!®

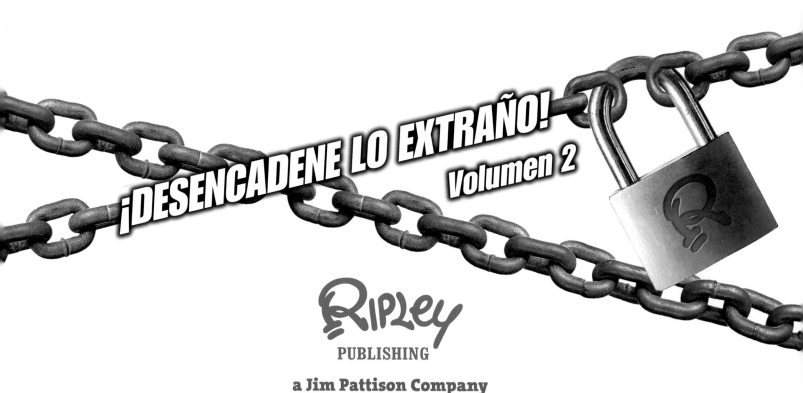

¡DESENCADENE LO EXTRAÑO!

Volumen 2

Ripley
PUBLISHING
a Jim Pattison Company

Vicepresidente ejecutivo de propiedad intelectual Norm Deska
Vicepresidente de exposiciones y archivos Edward Meyer
Directora de operaciones de publicación Amanda Joiner

Gerente editorial Dean Miller

Editoras Jessica Firpi, Wendy A. Reynolds, M.S.Ed.
Investigadora Sabrina Sieck
Texto Geoff Tibballs
Redacción de artículos Jessica Firpi, Wendy A. Reynolds, Sabrina Sieck
Traducción Susana del Moral
Revisión Chandler Gifford
Verificación de datos Alex Bazlinton, Chris Lombardi, Matthew Usher
Indización Janet Perlman
Revisora Susana del Moral, Cynthia Roby
Agradecimientos especiales JR Language Translation Services, Inc. y el equipo de redes sociales de Ripley

Directora de arte Penny Stamp
Diseñadores Jessica Firpi, Luis Fuentes, Penny Stamp, Jim Steck
Colaboradores de diseño gráfico Shelley Easter, Composure Graphics
Coordinadora de producción Amy Webb
Reprografía *POST LLC
Diseño de la portada Sam South

Primera edición: septiembre de 2017

ISBN: 978-1-60991-202-4

Información de contacto sobre permisos:
VP Intellectual Property
Ripley Entertainment Inc.
7576 Kingspointe Parkway, Suite 188
Orlando, Florida 32819
publishing@ripleys.com
www.ripleys.com/books

Impreso en China – Printed in China

Número de control de la Biblioteca del Congreso:
2017942821

NOTA DEL EDITOR
Aunque se ha hecho todo lo posible para verificar la exactitud de los artículos en este libro, el editor no se hace responsable de los errores contenidos en el mismo. Cualquier comentario de los lectores es bienvenido.

ADVERTENCIA
Algunas de las proezas y actividades que se presentan fueron realizadas por expertos, y ninguna persona sin el entrenamiento y supervisión adecuados debe intentar emularlas.

RIPLEY

¡Aunque Ud. No Lo Crea!®

ADQUISICIONES ASOMBROSAS

Con 31 Odditoriums en el mundo, así como shows itinerantes que siempre necesitan más objetos fascinantes, el equipo de Ripley nunca deja de buscar nuevas e insólitas adiciones para nuestra colección. El año pasado no fue una excepción. Se realizaron hallazgos sorprendentes, como este casco de Darth Vader tallado en el estilo de un cráneo ceremonial. Esta impresionante pieza de arte pop fue creada por Tahe, un artista de Tahití que quiere mostrar la forma en que el mundo moderno y la cultura popular están cambiando la cultura indígena.

EXITOSO #RIPCYCLE

Cuando les pedimos a nuestros seguidores que nos enviaran sus increíbles creaciones con material reciclado para nuestro concurso RipCycle 2016, recibimos más de 130 obras de todo el mundo. Cada una nos sorprendió por el uso imaginativo de tapas de botellas, cinta adhesiva, cucharas de plástico y más. Nuestro ganador del gran premio de 2,000 USD fue este retrato de Taylor Swift, con 17,625 chicles de bola de color rosado, blanco, rojo, negro, verde, azul oscuro y azul claro, del artista Rob Surette, de Andover, Maryland, EE.UU.

Asegúrese de agregar www.ripleys.com a sus favoritos, seleccionar "me gusta" en Facebook y seguirnos en Twitter e Instagram para el siguiente concurso. ¡Tal vez sea nuestro próximo ganador!

¡Ganador del concurso!

5

ROBERT RIPLEY

Ripley recibió a algunas de las personas más famosas del mundo a bordo del *Mon Lei*.

MON LEI

El viajero supremo

Robert Ripley mismo era tan apreciado como las asombrosas rarezas publicadas en la sección "¡Aunque usted no lo crea!" en periódicos de todo el mundo, y en programas de radio y televisión. Ripley se convirtió en una celebridad cuya popularidad rivalizaba incluso con la de los presidentes de Estados Unidos. Cuando inauguró su primer Odditorium en 1933 en Chicago, más de dos millones de personas acudieron a ver las sorprendentes rarezas humanas y artefactos que había coleccionado de todos los rincones del planeta.

Ripley encontró formas de descubrir todo lo que era raro y maravilloso en el mundo, incluida la compra de su propio junco chino, el *Mon Lei*. La ilustración a la derecha (una de las pocas en color pintadas por Ripley), muestra la embarcación, que se reconstruyó a partir de un junco de carga de la década de 1890.

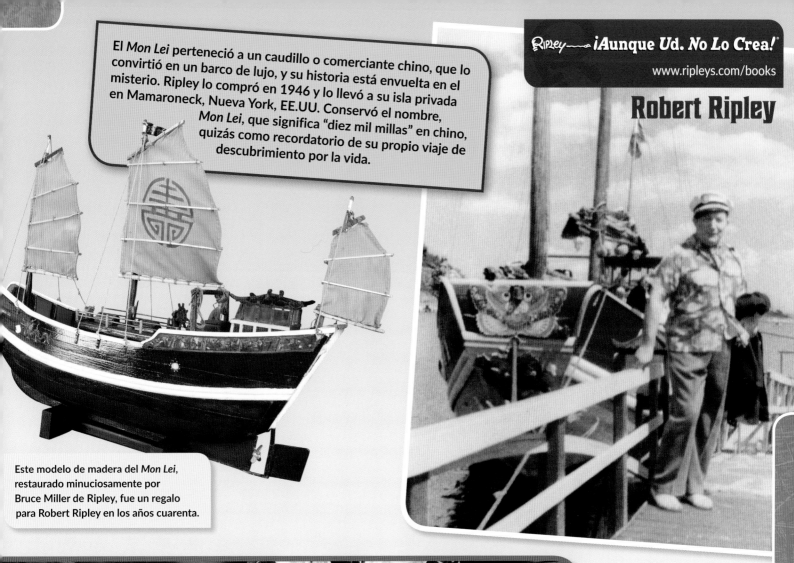

El *Mon Lei* perteneció a un caudillo o comerciante chino, que lo convirtió en un barco de lujo, y su historia está envuelta en el misterio. Ripley lo compró en 1946 y lo llevó a su isla privada en Mamaroneck, Nueva York, EE.UU. Conservó el nombre, *Mon Lei*, que significa "diez mil millas" en chino, quizás como recordatorio de su propio viaje de descubrimiento por la vida.

Este modelo de madera del *Mon Lei*, restaurado minuciosamente por Bruce Miller de Ripley, fue un regalo para Robert Ripley en los años cuarenta.

Ripley decoró el *Mon Lei* con muchos de sus tesoros, incluido este intrincado panel de madera tallada.

Actualmente, el conglomerado global de Ripley incluye Odditoriums, acuarios, Candy Factories™, Haunted Adventures®, Louis Tussaud's Waxworks®, Super Fun Zones, un almacén lleno de artefactos y un archivo de más de 25,000 fotos y 100,000 dibujos, pero el *Mon Lei* no forma parte de este acervo. Después de la muerte de Ripley en 1949, lo compró el empresario de Broadway John Arthur, junto con otros artículos de Ripley. Aunque usted no lo crea, el *Mon Lei*, uno de los barcos más famosos del mundo, propiedad de uno de los hombres más famosos de su época, cambió de manos por la insignificante suma de 5,500 USD.

1 Cultura popular

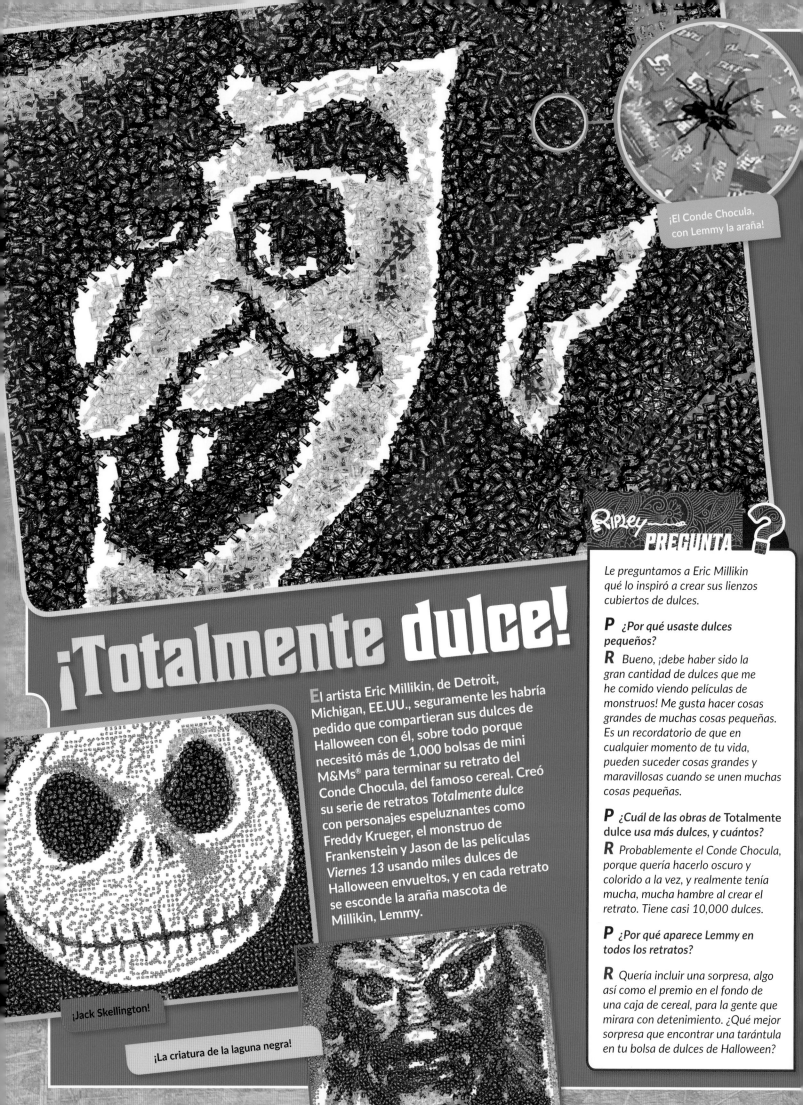

¡El Conde Chocula, con Lemmy la araña!

¡Totalmente dulce!

El artista Eric Millikin, de Detroit, Michigan, EE.UU., seguramente les habría pedido que compartieran sus dulces de Halloween con él, sobre todo porque necesitó más de 1,000 bolsas de mini M&Ms® para terminar su retrato del Conde Chocula, del famoso cereal. Creó su serie de retratos *Totalmente dulce* con personajes espeluznantes como Freddy Krueger, el monstruo de Frankenstein y Jason de las películas *Viernes 13* usando miles dulces de Halloween envueltos, y en cada retrato se esconde la araña mascota de Millikin, Lemmy.

¡Jack Skellington!

¡La criatura de la laguna negra!

RIPLEY PREGUNTA?

Le preguntamos a Eric Millikin qué lo inspiró a crear sus lienzos cubiertos de dulces.

P ¿Por qué usaste dulces pequeños?

R Bueno, ¡debe haber sido la gran cantidad de dulces que me he comido viendo películas de monstruos! Me gusta hacer cosas grandes de muchas cosas pequeñas. Es un recordatorio de que en cualquier momento de tu vida, pueden suceder cosas grandes y maravillosas cuando se unen muchas cosas pequeñas.

P ¿Cuál de las obras de **Totalmente dulce** usa más dulces, y cuántos?

R Probablemente el Conde Chocula, porque quería hacerlo oscuro y colorido a la vez, y realmente tenía mucha, mucha hambre al crear el retrato. Tiene casi 10,000 dulces.

P ¿Por qué aparece Lemmy en todos los retratos?

R Quería incluir una sorpresa, algo así como el premio en el fondo de una caja de cereal, para la gente que mirara con detenimiento. ¿Qué mejor sorpresa que encontrar una tarántula en tu bolsa de dulces de Halloween?

CUNA DE TIBURÓN El cinéfilo Joseph Reginella, de Nueva York, EE.UU., le hizo a su sobrino de dos meses, Michael Melaccio, una cuna inspirada en *Tiburón*, que hace que parezca que el tiburón está a punto de tragarse al bebé.

LETRA DE DYLAN El borrador original de la letra de la canción de 1965 "Like a Rolling Stone" de Bob Dylan está escrito en cuatro hojas membretadas del Hotel Roger Smith en Washington, DC, EE.UU., que se vendieron en una subasta en Nueva York por 2 mdd en 2014.

NOVELA EXPLOSIVA Los lectores de *Private Vegas*, una novela de 2015 del escritor de suspenso estadounidense James Patterson, se enfrentaron a una carrera contra el tiempo, porque el libro se autodestruía si no lo acababan en 24 horas. En el sitio web del autor se distribuyeron mil libros electrónicos con contadores digitales de 24 horas; transcurrido este tiempo, el libro desaparecía para siempre de la tablet del usuario.

MISMO TRAJE En un experimento para demostrar que a las mujeres en TV se les suele juzgar por su ropa, el presentador Karl Stefanovic, del programa *Today* de Australia del canal 9, usó el mismo traje azul en el programa todos los días durante un año, y nadie se quejó.

BARNIZ ROCKERO Brian May, de la banda de rock británica Queen, tiene una guitarra eléctrica que él y su padre, Harold, tallaron a mano hace más de cincuenta años. Usaron madera de una vieja mesa para la caja de resonancia y una repisa de chimenea de roble del siglo XVIII para el brazo; tardaron dos años, y May ha usado la guitarra, conocida como "Red Special", en conciertos durante 50 años.

LIBRO DE LA REALEZA "Las aventuras de Alice Laselles", un cuento infantil escrito por la reina Victoria de Gran Bretaña cuando era una princesa de 10 años, se publicó finalmente en 2015, casi dos siglos después de que lo escribió.

MÁSCARA DE HORROR La máscara que usó el personaje Michael Myers en la película de terror de 1978 *Halloween* era en realidad una máscara del capitán Kirk. El presupuesto de la película era limitado, así que el diseñador compró una máscara de *Viaje a las estrellas* por un par de dólares y la pintó de blanco. ¡Cuando William Shatner se enteró, le hizo tanta gracia, que una vez se puso una y fue a pedir dulces con sus hijas en Halloween!

NOMBRE REGIO Más de 50 bebés en el Reino Unido se llaman Khaleesi, la palabra para "reina" en dothraki, uno de los idiomas ficticios del programa de televisión *Juego de Tronos*.

FAN DE FROZEN Kirsty Taylor, de 21 años, de Rotherham, Inglaterra, ha visto la película *Frozen* más de 100 veces y ha gastado 1,500 USD en mercancías de Disney® de la película. También compró un vestido azul hecho a la medida, como el que usó la reina Elsa, y frecuentemente le pide a su novio, Jake Martin, que se vista como Kristoff.

ESTORNUDO EXPULSOR En 2015, Steve Easton, de 51 años, de Surrey, Inglaterra, estornudó con tanta fuerza, que se le salió un dardo de juguete que había estado en su fosa nasal izquierda 44 años. Sufría de nariz tapada y dolores de cabeza, pero pensaba que era alergia al polen; no se dio cuenta de que inhaló el dardo mientras jugaba con una pistola de juguete a los siete años.

CORTOS POPULARES Los cortos de la película de 2015 *Avengers: Era de Ultron* recibieron 34 millones de visualizaciones en YouTube, cuatro veces la población de Nueva York, en las primeras 24 horas luego de su estreno.

AUDIENCIA MUNDIAL Un episodio del famoso programa policial *CSI* de CBS se transmitió simultáneamente en 171 países el 4 de marzo de 2015.

Mire esta imagen y trate de distinguir a las dos modelos, aunque es difícil ver dónde comienza una y termina la otra. Esta asombrosa pieza de pintura corporal llamada *Camaleón* muestra a dos mujeres, y es obra del artista y músico Johannes Stötter, del Tirol del Sur, Italia, cuyos trabajos se basan en temas espirituales y de la naturaleza.

GENTE CAMALEÓNICA

>¡Dos personas!

Harlem
Papa-trotter

En mayo de 2015, los Harlem Globetrotters se reunieron con el Papa Francisco para nombrarlo el noveno Harlem Globetrotter honorario en la historia del equipo. Este honor reconoce a una persona de carácter y logros extraordinarios que ha dejado una marca indeleble en el mundo. Le dieron en el Vaticano una camiseta enmarcada de los Globetrotters con el número 90 y las palabras "Papa Francisco" impresas en la espalda. Otros destacados homenajeados son Whoopi Goldberg (1990), Nelson Mandela (1996) y el Papa Juan Pablo II, que fue nombrado el séptimo jugador honorario en 2000.

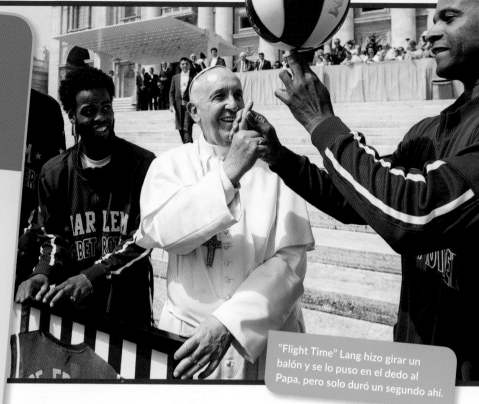

"Flight Time" Lang hizo girar un balón y se lo puso en el dedo al Papa, pero solo duró un segundo ahí.

COPIAS A MANO El manuscrito de *La Guerra y la Paz*, la obra épica de 1,400 páginas del novelista ruso León Tolstoi, fue escrito meticulosamente a mano siete veces por su editora y esposa, Sofía.

BAILARÍN DE UNA PIERNA Clayton "pata de palo" Bates (1907-1998) perdió la pierna izquierda en un accidente a los 12 años, pero se convirtió en un famoso bailarín que apareció 21 veces en *El Show de Ed Sullivan*. El movimiento que hizo famoso al bailarín de Carolina del Sur, EE.UU., fue la "imitación del jet", donde saltaba 1.5 m y aterrizaba con su pierna de madera, con la pierna buena levantada hacia atrás.

SIN INSTRUMENTOS En Irán, la ley prohíbe mostrar la ejecución de instrumentos musicales en televisión. Algunos clérigos musulmanes chiitas dicen que transmitir música va contra su fe, por lo que los instrumentos suelen reemplazarse con imágenes de flores.

FOTÓMANO Desde el 24 de septiembre de 2003, Alberto Frigo, un artista conceptual italiano que ahora vive en Estocolmo, Suecia, ha fotografiado todos los objetos que su mano derecha ha tocado. Con su cámara en la mano izquierda, fotografía un promedio de 76 objetos al día, y ha tomado más de 330,000 fotos. Planea continuar el proyecto hasta 2040, cuando tenga 60 años y haya tomado alrededor de un millón de fotos.

PELÍCULA EQUIVOCADA En junio de 2015, el proyeccionista de un cine de Middletown, Ohio, EE.UU., proyectó accidentalmente una película de terror, *Insidious: Capítulo 3*, a los sorprendidos padres y niños pequeños, en lugar de la película anunciada, *Intensa-Mente* de Disney®.

MADONNA PLÁSTICA

Adam Daniel, de 31 años, de Los Ángeles, California, EE.UU., ha gastado 75,000 USD en cirugía plástica para parecerse a su ídolo, Madonna. Se obsesionó con su música cuando era adolescente, y desde entonces le han hecho implantes de mejillas, alteraciones de mandíbula y cejas, y muchos rellenos en la cara. Ahora actúa como imitador de Madonna con el nombre Venus Delight, y su armario está lleno de réplicas de los trajes más famosos de Madonna.

AUTOR PELIGROSO Al escritor escocés de novelas de crimen, Ian Rankin, creador del *inspector Rebus* de Edimburgo, a veces lo han rechazado para un seguro de coche, por considerar que su trabajo es muy peligroso.

Cultura popular

CAZADOR DE AUTÓGRAFOS Durante 70 años, Jack Kuster, de Rochester, Nueva York, EE.UU., coleccionó más de 33,000 autógrafos de celebridades, y viajó a 19 países en busca de firmas famosas. Comenzó su colección a los 14 años cuando le pidió su autógrafo a la estrella de cine Carmen Miranda, que visitó Rochester durante la Segunda Guerra Mundial. También tomó más de 17,000 fotos de celebridades, que nunca se publicaron.

EDITOR DECIDIDO Desde 2007, el ingeniero de software Bryan Henderson, de San José, California, EE.UU., ha eliminado la misma frase, "comprised of" (que consta de), más de 47,000 veces de páginas de Wikipedia.

ZAPATOS DE DIAMANTES El diseñador de joyería Jason Arasheben, de Beverly Hills, California, EE.UU., creó un par de zapatos de diamantes que valen 2 mdd. Los mocasines tienen más de 14,000 diamantes blancos incrustados en oro blanco con un peso total de 340 quilates.

JOVEN ENTREVISTADORA En noviembre de 2014, la periodista de espectáculos de 17 años Pavlina Osta realizó 347 entrevistas de radio en 24 horas en Port Orange, Florida, EE.UU. Cada entrevista tenía un mínimo de cinco preguntas únicas. Tiene un programa de radio sindicado, *Pavlina's Kidz Place*, y ha entrevistado a más de 400 celebridades desde que tenía 11 años.

RAYO MUSICAL Después de que le cayó un rayo en 1994, el cirujano ortopédico Tony Cicoria, de Chenango, Nueva York, EE.UU., notó que su cabeza se llenó de repente de música de piano. Aunque no tenía un interés particular en la música antes del accidente, pasó los siguientes 12 años estudiando piano para poder interpretar la pieza que estaba en su cabeza, a la que llamó "Sonata de rayos".

RIPLEY PREGUNTA

Ripley habló con Greg sobre su colección personalizada.

P ¿Tienes un muñeco favorito? Si es así, ¿qué lo hace tan especial?

R Lo que me encanta de ellos es que son 100 por ciento únicos. Aunque se basaron en un libro de patrones, cada uno refleja el nivel de habilidad de diferentes artesanos. Hay algunos que son "anatómicamente correctos". Me gustan esos porque me hacen pensar: "¿Qué estaba pensando el que hizo el muñeco?"

P ¿Tienes contigo toda tu colección o la guardas en otra parte?

R ¡Toda mi colección está conmigo! No está en exhibición por completo, porque hay muchos muñecos, pero sí salen a veces para sesiones de fotos y exposiciones.

P ¿Conoces en persona a Mr. T?

R ¡No! Pero sé que él sabe que existo. La primera vez que exhibí los muñecos, me entrevistaron en el Washington Post. También entrevistaron a Mr. T y le contaron de mi colección. Dijo que esto lo conmovió y que quería contarle a su mamá. ¡También firmó un muñeco de cabeza bamboleante para mí, que el reportero me dio!

P ¿Qué sigue para tu colección?

R Recientemente me mudé a Los Ángeles, y espero exhibir la colección aquí pronto, así que estoy muy emocionado por eso.

MR. T EN EFIGIE

Greg Rivera, de Nueva York, EE.UU., tiene una colección de 250 muñecos hechos a mano de Lawrence Tureaud, mejor conocido como Mr. T. Se parecen a los Cabbage Patch Kids®, populares durante la década de 1980, pero los muñecos de Mr. T de Rivera llevan peinado mohicano, joyería de oro y algunos tienen incluso tatuajes. Rivera considera a Mr. T su héroe de la infancia; solía ver el programa *Los magníficos* con su padre cuando era joven. Empezó su colección en serio cuando un amigo decidió vender su colección de Mr. T en 1998. Rivera compró los 50 artículos. La colección masiva de Rivera se ha presentado incluso en galerías de arte, como en la exposición "¡Me dan lástima los muñecos! Una colección de muñecos de Mr. T contemporáneos y clásicos".

Boda y raciones

En 2011, Kath y Andrew Hacking de Lancashire, Inglaterra, se casaron en una auténtica ceremonia al estilo de la década de 1940, y repartieron incluso a los invitados libretas de racionamiento de comida para sándwiches de *corned beef* y SPAM®. La novia usó un vestido tradicional de la época y el novio un uniforme del ejército británico de la Segunda Guerra Mundial. Muchos de los invitados también se vistieron para la ocasión. La pareja, que asistió durante años a recreaciones militares, caminó al altar con el tema de la película de 1955 *Misión de valientes*, y se fueron en un vehículo blindado.

DIENTES DE BEBÉ El 28 de diciembre de 2014, Alyssa Bella Bailey, de Branson, Missouri, EE.UU., nació con dos dientes delanteros completos.

TRABAJO RÁPIDO El músico Bryan Adams y su productor Mutt Lange tardaron solo 45 minutos en escribir el éxito de seis minutos y medio "(Everything I Do) I Do It For You", que vendió más de 15 millones de copias en todo el mundo.

PIANO DOBLE El hombre fuerte ruso Vatan Seitumerov puede cargar un gran piano de 300 kg en su espalda, e incluso puede tocar otro piano mientras lo hace.

PORTADAS DE ÁLBUMES La entusiasta de los discos de vinilo Natalie Sharp, de Londres, Inglaterra, usó un espejo de mano con lupa para pintar 11 portadas clásicas en su rostro, como *Nevermind* de Nirvana, *Campanas tubulares* de Mike Oldfield e *Island Life* de Grace Jones.

HERMANOS ÚNICOS Solo dos personas en el mundo tienen un trastorno neurológico debilitante llamado síndrome de Arts, los hermanos adolescentes Thomas y Bradley Farrell, de Sydney, Australia. Este trastorno genético incurable ha deteriorado su audición, vista y movimiento muscular desde que nacieron.

Tiradero de Atari

Los entusiastas de los videojuegos especularon durante mucho tiempo que las copias no vendidas del juego *E.T. el extraterrestre* para la consola 2600 de Atari® se habían enterrado en 1983 en un desierto de Nuevo México, para ocultar uno de los mayores fracasos comerciales en la historia de los videojuegos, así como uno de los peores juegos jamás creados. En abril de 2014, se demostró que era verdad, cuando cientos de los cartuchos de *E.T.* se encontraron en un terraplén en Alamogordo, Nuevo México, EE.UU.

SERENATA QUIRÚRGICA Anthony Kulkamp Dias les tocó a los doctores seis canciones en guitarra mientras se sometía a una cirugía cerebral. Los doctores del Hospital Nossa Senhora de Conceiçao de Santa Catarina, Brasil, querían mantener despierto al empleado bancario de 33 años durante la operación de nueve horas para extirpar un tumor, para monitorear sus sentidos, movimientos y el habla, y evitar daños en las partes clave del cerebro. Con la guitarra sobre el estómago, tocó una selección que incluía "Yesterday", de los Beatles, aunque su mano derecha estaba más débil de lo normal porque ese era el lado en el que estaban operando.

POETAS MUERTOS Walter Skold, de Freeport, Maine, EE.UU., ha viajado miles de kilómetros en América del Norte para visitar más de 500 tumbas de poetas. Comenzó su odisea en 2009, inspirado en parte por la película de 1989 de Robin Williams *La sociedad de los poetas muertos*.

MÚSICA RUIDOSA Los miembros de la banda de rock experimental belga Tat2noiseact tocan mientras se tatúan. El público oye el ruido de las pistolas de tatuaje, amplificado por los sistemas de sonido a los que están conectadas.

VENTA CALCULADA En 2013, Anita Crawley, una abuela de 64 años de Hertfordshire, Inglaterra, vendió sus cálculos biliares en eBay por 1.50 USD. Originalmente había pensado usar los 42 cálculos biliares que le retiraron para hacer un collar.

REMEDIO CANIBAL Los miembros de la tribu Fore de Papúa Nueva Guinea han desarrollado cierta inmunidad a la demencia y a otros trastornos degenerativos por comerse los cerebros de sus familiares difuntos en los funerales.

TRIBUTO EN PIEL El artista del tatuaje Steve Pearce, de Calgary, Alberta, Canadá, le tatuó a su esposa en la pierna las caras de varios de los personajes favoritos de ella, de la telenovela británica *Coronation Street*.

PIE QUE ESCRIBE Hu Huiyuan, de 21 años, de la provincia de Anhui, China, ha escrito más de 60,000 palabras de una novela usando solo su pie izquierdo. Se le diagnosticó parálisis cerebral cuando era una bebé de 10 meses, y tiene todo el cuerpo paralizado, excepto la cabeza y el pie izquierdo. Su cuerpo está sujeto a una silla de ruedas, y con su pie puede escribir en un teclado de computadora hasta 30 palabras por minuto.

A DIVERTIRSE COMO SI FUERA

1984

El 25 de junio de 2015, el dúo de artistas holandeses Front404 celebró lo que habría sido el cumpleaños 110 del escritor George Orwell decorando cámaras de CCTV en la ciudad de Utrecht, Holanda, con coloridos gorros de fiesta. Orwell es mejor conocido por su novela futurista distópica *1984*, donde a cada ciudadano lo vigilan siempre las autoridades, conocidas como el Gran Hermano. Front404 trató de llamar la atención al número de cámaras que monitorean a los residentes de la ciudad, con la implicación de que el estado de vigilancia de Orwell es cada vez más una realidad.

Robot de OSO POLAR

Para promover una serie televisiva realista de crímenes en el Ártico, una réplica de un oso polar vagó por las calles de Londres, Inglaterra. Hecho de espuma semirrígida, con cada pelo colocado individualmente, el oso robot estaba controlado por dos marionetistas que pasaron horas aprendiendo el comportamiento y los movimientos reales de los osos polares.

RETO DE LA NEVADA Cuando la tormenta de invierno Juno asoló el este de Estados Unidos en enero de 2015, los adolescentes de Boston, Massachusetts, convirtieron la borrasca en una nueva manía de las redes sociales llamada Reto de la ventisca de Boston, en la que se filmaban unos a otros saltando en ropa interior de una ventana de arriba a la nieve acumulada. Algunos incluso saltaban desde techos a la nieve de 2.1 m de profundidad, realizando piruetas mientras caían.

CAMBIO DE NOMBRE Jemma Rogers, de Londres, Inglaterra, se cambió legalmente el nombre a Jemmaroid Von Laalaa solo para poder conectarse a Facebook. Decidió cambiarse el nombre a su "estúpido" pseudónimo de Facebook después de que bloquearon su cuenta en línea.

GUITARRA ÚNICA Ciego y sin hogar, el fanático del reggae Wesseh Freeman, de Liberia, se enseñó a componer y tocar música en una guitarra armada con un viejo palo, una lata de pintura y tres cuerdas usadas. Aunque los trastos están hechos de rayos de bicicleta o ganchos de ropa, logra tocar perfectamente afinado.

AVE FEROZ Paul Lewis, pianista de la Orquesta Filarmónica Real de Liverpool, Inglaterra, tuvo que cancelar dos conciertos en 2015 después de que lo atacó una gaviota y sufrió un esguince en un dedo de la mano derecha.

Cultura popular

Con su sombrero y corbata de moño, un dinosaurio robot saluda a los huéspedes del Hotel Henn-na en Japón, junto con una robot humanoide y un androide amistoso. El nombre del hotel, que se inauguró en julio de 2015, significa "extraño"; es uno de los primeros en usar tecnología de reconocimiento facial en vez de llaves de tarjeta. Casi todos los empleados son robots; los empleados humanos se ocupan de la seguridad y la limpieza. Todos los cuartos se mantienen a una temperatura adecuada con tecnología que detecta el calor del cuerpo, y a los huéspedes se les anima a dejar propina al pedir el servicio en la habitación robótico.

DINO EN LA RECEPCIÓN

NÚMERO DEL DIABLO
Mientras trabajaba en el álbum de 1982 de Iron Maiden *El número de la bestia*, el productor Martin Birch tuvo un accidente de coche, y cuando su vehículo salió del taller, la factura fue de 666.66 libras esterlinas. Aterrorizado por el llamado "número del diablo", insistió en que lo redondearan a 667 libras.

CUMPLEAÑOS DE TELENOVELA
La telenovela australiana *Neighbours* celebró su aniversario 30 en 2015. Para ver los 7,083 episodios uno tras otro se necesitarían 147 días.

LARGA ESPERA
En 2015, la escritora estadounidense Harper Lee publicó su primera novela en 55 años. *Go Set a Watchman* es la secuela de su única novela anterior, *Matar a un ruiseñor*, ganadora del premio Pulitzer, aunque de hecho la escribió antes.

CELEBRIDADES INVISIBLES
Para gente famosa tímida, el DJ Chris Holmes, de Los Ángeles, California, EE.UU., inventó una línea de ropa *antipaparazzi* hecha de un material reflectante que arruina las fotografías con flash. La tela está cubierta de nanoesferas de vidrio que reflejan las luces brillantes hacia la cámara. Esto sobreexpone las fotos y convierte a quienes llevan la ropa en siluetas fantasmales.

ALERTA DE WEBCAM
Ari Kivikangas, de Finlandia, ha transmitido casi cada minuto de su vida desde 2010 por webcam. Sufre de epilepsia y pasa la mayor parte del tiempo en casa. Durante una transmisión en 2014, uno de sus seguidores vio que estaba enfermo y llamó a los paramédicos, que le dieron RCP urgente y le salvaron la vida.

INFORME METEOROLÓGICO
Al Roker, meteorólogo de la ciudad de Nueva York, EE.UU., y anfitrión del programa *Today* de la NBC, estableció un récord mundial al completar un informe meteorológico de 34 horas. Para el llamado #Rokerthon, comenzó a transmitir a las 10 p.m. del 12 de noviembre de 2014, y terminó a las 8 a.m. del 14 de noviembre.

ÚLTIMA SOBREVIVIENTE
Leonardo DiCaprio y Kate Winslet, las estrellas de la película *Titanic* de 1997, ayudaron a pagar la cuota del asilo de ancianos de Millvina Dean, la última sobreviviente del RMS *Titanic*, para que no tuviera que vender más recuerdos del desastre para juntar dinero. Murió en 2009 a los 97 años.

RETO DE LA CIGARRA
En el programa japonés de televisión *AKBingo!*, dos concursantes usan un tubo de plástico para soplar una cigarra hacia la boca del otro.

HOTEL GODZILLA

En abril de 2015, el Hotel Gracery Shinjuku, también conocido como el "Hotel Godzilla", finalmente abrió sus puertas en Tokio, Japón. Es parte de un nuevo complejo comercial y tiene una enorme réplica de 12 m de altura de la cabeza de Godzilla, basada en la película original de 1954. Seis habitaciones tienen vista directa a Godzilla, y las habitaciones temáticas incluyen una estatua del monstruo del tamaño de un adulto y una garra que se cierne sobre las camas.

2 Transporte

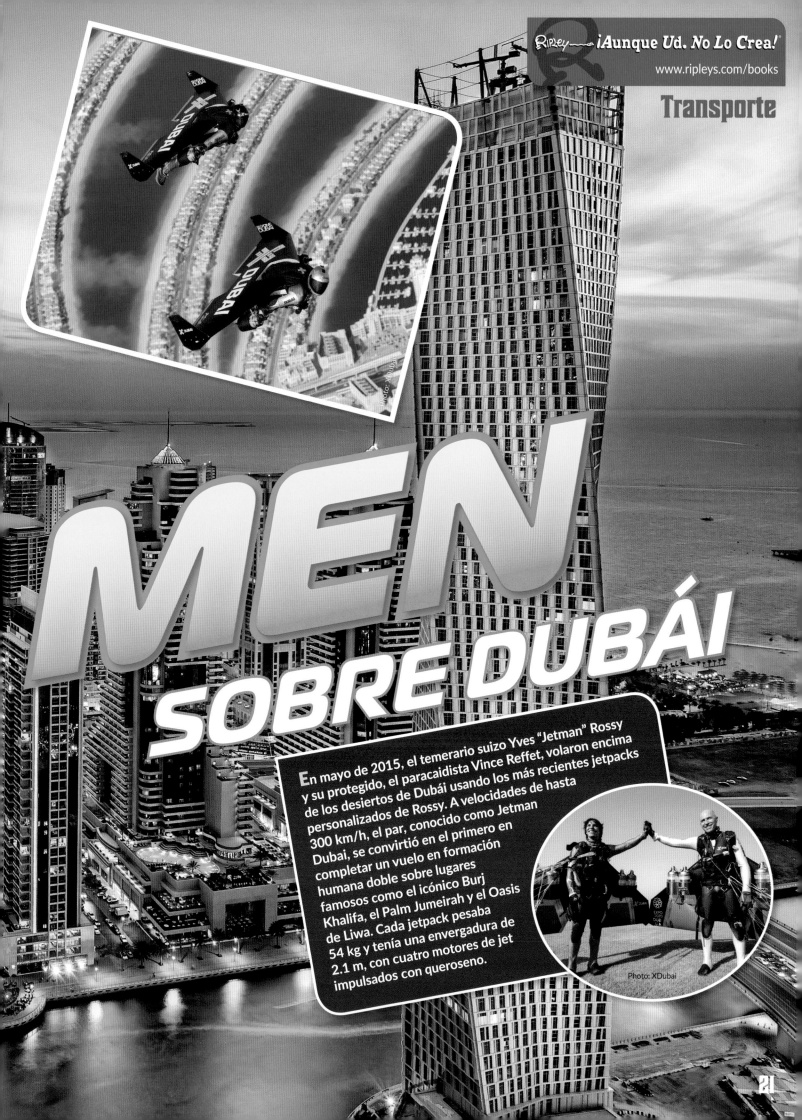

Photo: XDubai

MEN SOBRE DUBÁI

En mayo de 2015, el temerario suizo Yves "Jetman" Rossy y su protegido, el paracaidista Vince Reffet, volaron encima de los desiertos de Dubái usando los más recientes jetpacks personalizados de Rossy. A velocidades de hasta 300 km/h, el par, conocido como Jetman Dubai, se convirtió en el primero en completar un vuelo en formación humana doble sobre lugares famosos como el icónico Burj Khalifa, el Palm Jumeirah y el Oasis de Liwa. Cada jetpack pesaba 54 kg y tenía una envergadura de 2.1 m, con cuatro motores de jet impulsados con queroseno.

Photo: XDubai

Camino asado

Durante una intensa ola de calor en el sur de la India en mayo de 2015, algunas marcas del camino en Nueva Delhi se distorsionaron y se derritieron bajo el sofocante sol. La oficina meteorológica explicó que los vientos secos y calientes del noroeste del estado desértico de Rajastán fueron los responsables de temperaturas que alcanzaron los 45 °C.

PROBLEMAS DE DIRECCIÓN El S.S. *Bessemer*, construido por el empresario inglés Henry Bessemer en 1875, era un barco diseñado para curar el mareo. Tenía una cubierta giratoria que permanecía nivelada mientras el barco se bamboleaba, pero no se podía guiar y chocó contra un muelle francés en su viaje inaugural.

DAMA VELOZ Becci Ellis, analista de TI de 46 años, que tiene dos hijos y es de Scunthorpe, Lincolnshire, Inglaterra, se convirtió en la mujer más rápida del mundo en dos ruedas al manejar una moto Suzuki de 1300 cc a 422 km/h en un aeródromo de Yorkshire en agosto de 2014. Compró la moto de segunda mano, y su esposo Mick la modificó con un sistema turbo único para que pudiera alcanzar velocidades extremas.

BARCO DE PAPEL Un barco de 3.6 m de largo, construido de papel plegado, navegó en un lago de Londres, Inglaterra, en enero de 2015. Con un peso de alrededor de 100 kg, la embarcación requirió de 100 m² de papel impermeable, 150 m de cinta adhesiva y 8.3 litros de pegamento. La única parte del barco que no era de papel era una quilla de estabilidad hecha de madera y poliestireno.

CACAHUATES OCULTOS Mecánicos en Gloucestershire, Inglaterra, pasaron una hora sacando cacahuates de un motor de coche con una aspiradora después de que una ardilla escondió un montón en el filtro de aire. La dueña llevó su coche al taller, porque no aceleraba a más de 64 km/h.

DODGE VIAJERO Durante siete años, Jonathan y Jennifer Riehl, de Hancock, Michigan, condujeron su Dodge Intrepid 1999 en un viaje de 864,000 km por Estados Unidos, en el que visitaron los 3,108 condados de los 48 estados contiguos. Completaron el viaje en marzo de 2015 al abordar un ferry a la isla de Nantucket, Massachusetts.

REUNIÓN FELIZ Cuando se robaron el Ford Mustang 1967 de Lynda Alsip en Salinas, California, EE.UU., en 1986, Lynda no esperaba volver a verlo, pero 28 años después recuperó su coche cuando un residente local intentó registrarlo. En todo ese tiempo, el vehículo nunca había salido de Salinas.

Zapatilla motorizada

Una zapatilla de tacón alto motorizada gigante no es lo que uno espera ver en las calles de Teherán, Irán, pero sin duda genera atención (y atrae clientes) para el intrépido bolero Mohammad Ali Hassan Khani, de 42 años, conocido como "Aliwaxima". Los fans de su zapatilla roja de tres ruedas hecha de fibra de vidrio lo siguen en su sitio web, Instagram y Facebook para tomarse selfies con el coche y llevar sus zapatos a bolear. Antes de construir la zapatilla, manejaba un mocasín.

BLING BENZ

Los adaptadores y aficionados a los accesorios Garson/D.A.D. lucieron sus Mercedes Benz® SL600 gemelos tachonados de cristales Swarovski® en el Auto Salon de Tokio en 2013. Cada uno tiene detalles en oro y plata, y 300,000 cristales.

CAMIONETA TRAGADA Un hundimiento de 4.6 m de profundidad se tragó una camioneta de policía en Sheridan, Colorado, EE.UU. Después de que el suelo cedió, el sargento Greg Miller tuvo que subir al techo de la camioneta para salir del agujero.

DORMIDO EN SEATTLE Un vuelo de Alaska Airlines a Los Ángeles se vio obligado a regresar al Aeropuerto Internacional de Seattle-Tacoma poco después de despegar, porque un despachador de equipaje se quedó dormido y atrapado en el área de carga. El polizón se despertó y vio que el avión ya estaba en el aire, y cuando la tripulación y los pasajeros escucharon golpes frenéticos en la parte de abajo, el piloto regresó e hizo un aterrizaje de emergencia.

SIMULADOR DE CLIMA El aeropuerto de Arlanda en Estocolmo, Suecia, tiene un portal de clima que usa simulaciones de viento y temperatura e información meteorológica actualizada para que la gente pueda sentir de verdad cómo está el clima en varias ciudades del mundo antes de volar allí.

COCHE DE CENTAVOS Gayle Hoover y su esposo Mike Morphy, de Wendell, Carolina del Norte, EE.UU., pasaron dos años pegando más de 28,750 centavos a la carrocería de un coche Geo Metro 1996.

BICICLETA CHOPPER Dave Sims, de Southport, Merseyside, Inglaterra, pasó 117 horas en su bicicleta en la ruta del Tour de Francia de 2,575 km, que incluye peligrosos pasos de montaña, en su Raleigh Chopper, una bicicleta para niños popular en la década de 1970.

COMPRA EN EFECTIVO El Sr. Gan compró un coche nuevo en la ciudad de Shenyang, China, con 660,000 monedas. Llegó a comprar el coche en un camión cargado de monedas con valor de 106,000 USD en 1,320 rollos individuales, que pesaban alrededor de 4 toneladas, lo mismo que un elefante pequeño.

ABUELA TEMERARIA La bisabuela Hilda Jackson, de Abergavenny, Gales, que es enfermera jubilada y además ciega de un ojo, celebró su cumpleaños 101 conduciendo un tanque FV432.

SILLA DEL *TITANIC* Una tumbona del *Titanic* se vendió en una subasta en Wiltshire, Inglaterra, por 150,000 USD en 2015. La tripulación del *Mackay-Bennett*, el barco enviado desde Halifax, Nueva Escocia, para recuperar cuerpos del naufragio, encontró flotando en el Atlántico la silla de madera de Nantucket, que estaba en la cubierta de primera clase cuando el barco se hundió en 1912.

IMPULSADA POR AGUA Ricardo Azevedo, de Sao Paulo, Brasil, inventó una moto que funciona con agua y puede viajar 496 km con solo tres cuartos de litro. Usa una batería de automóvil externa para producir la electricidad que separa el hidrógeno de las moléculas del agua. Este proceso genera la combustión que crea la energía necesaria para la moto. Puede incluso usarse agua de río contaminada.

TORMENTA DE EFÍMERAS Un denso enjambre de miles de efímeras causó choques de motocicleta e hizo que se cerrara un puente en Lancaster County, Pensilvania, EE.UU., en junio de 2015. Las efímeras volaron alrededor de las luces del puente y luego cayeron al suelo, formando una capa resbaladiza de insectos muertos de casi 2.5 cm de espesor en la carretera.

PENSIONADO VELOZ David Anderson y Matthew Hine, de la Isla de Man, Reino Unido, construyeron un scooter de movilidad que puede desplazarse a más de 171 km/h, y tiene incluso una canastilla de compras al frente.

FACTORÍA CIRCULAR

En 2010, el reconocido diseñador y músico de Barcelona, España, César Álvarez Bayer, creó el Rodafonio, que es tal vez el artefacto musical más extraño del mundo. La gigantesca rueda mide más de 4 m de altura y solo 15 cm de ancho, pero en ella caben los cinco miembros de la banda de música catalana Factoría Circular. Tres músicos se sientan en aros más pequeños dentro de la rueda gigante, mientras los otros dos miembros pedalean para mover la rueda, y así cobra vida el enorme dispositivo mecánico.

LUZ ROJA Un semáforo en Dresde, Alemania, ha estado en rojo desde 1987, casi 30 años. Nunca se ha puesto amarillo o verde, aunque el costo anual de mantenimiento de la intersección incluye focos amarillos y verdes.

ALERTA DE RATÓN Un vuelo de Qatar Airways de Madrid, España, a Doha se retrasó más de seis horas en diciembre de 2014 cuando encontraron un ratón vivo en la cabina. Se tuvo que fumigar toda la cabina, y los pasajeros tuvieron que esperar hasta que se despejó por completo el humo antes de abordar.

ESTACIONAMIENTO APRETADO En noviembre de 2014, en Chongqing, China, el conductor Han Yue estacionó su Mini en un espacio que era solo 8 cm más largo que su coche.

FLOTILLA DE TAXIS Hay más de 100,000 taxis en la Ciudad de México, más de siete veces el número de taxis amarillos en la ciudad de Nueva York.

RÉPLICA DEL ARCA En 2014, el Dr. Irving Finkel del Museo Británico de Londres, Inglaterra, construyó una réplica pequeña del arca de Noé según las especificaciones de una tableta de arcilla babilónica de hace 4,000 años. Aunque solo era de una quinta parte del tamaño descrito en la antigua tableta, el arca circular del Dr. Finkel pesaba 35 toneladas y podía navegar.

CASA MÓVIL Guillaume Dutilh y Jenna Spesard renunciaron a sus trabajos y se fueron de Los Ángeles con su perro Salies para conducir por todo Estados Unidos y Canadá, remolcando la casa que ellos mismos construyeron. Tardaron un año en construir la casa de madera sobre ruedas de 11.6 m², que remolcaron más de 32,000 km en su Ford F-250 2006 por más de 30 estados y provincias.

LANGOSTAS CHOCADORAS Un camión con unas 25,000 langostas vivas dio un giro brusco para evitar a otro vehículo y se salió de la carretera interestatal 95 al norte de Augusta, Maine, EE.UU. A pesar de que el camión se dañó por completo, su carga con valor de 300,000 USD que estaba siendo transportada en agua de mar de Nueva Escocia, Canadá, a New Hampshire y Rhode Island, EE.UU., sobrevivió. Pudieron pasarla a otros camiones para completar el viaje.

PAPA REPARADORA Mario Papademetriou, mecánico de Essex, Inglaterra, reparó un condensador defectuoso en un Land Rover clásico de la década de 1960 utilizando una papa.

HOTEL TAXI Por unos 30 USD la noche, se puede dormir en una cama en una camioneta estacionada, con increíbles vistas de Manhattan, Nueva York, EE.UU. Jonathan Powley, comediante y ex portero de hotel, alquila una flota estacionaria de cuartos de hotel en cuatro ruedas, que incluye un taxi amarillo, a través de Airbnb. Aunque no hay agua corriente ni baño, cambia las sábanas todos los días, pone flores frescas y se pone de acuerdo con cafeterías locales para que sus huéspedes tengan tentempiés gratuitos y puedan usar los baños.

AVIÓN CASERO Asmelash Zerefu, de Etiopía, construyó solo su propio avión leyendo libros de aviación y viendo tutoriales en YouTube. Le costó más de 7,500 USD y tardó 570 días en hacerlo. Tiene las ruedas de una vieja motocicleta Suzuki, así como una hélice hecha a mano, impulsada por un motor de Volkswagen sedán de segunda mano.

REGALO PRESIDENCIAL Los pasajeros del avión presidencial estadounidense Air Force One reciben una caja de M&Ms® firmada por el presidente después de cada vuelo.

PORTERÍAS Para celebrar el inicio de la Copa América 2015, las paradas de autobús en Rancagua, Chile, se decoraron como porterías, con bancos y pasto artificial.

EMPUJÓN DE AVIÓN Cuando un avión se congeló a -52 °C en el aeropuerto Igarka de Rusia, 161 km al norte del Círculo Polar Ártico, los 70 pasajeros desembarcaron y ayudaron a empujar para arrancarlo. El aceite en el chasis del avión se había congelado, lo que hizo que los frenos se atascaran.

CAOS EN REVERSA Un hombre de 92 años chocó con no menos de 10 vehículos mientras intentaba salir del estacionamiento de un centro comercial en Mayville, Wisconsin, EE.UU. El conductor accidentalmente avanzó y retrocedió contra varios coches antes de irse y golpear una camioneta. Nadie resultó gravemente herido.

PROPULSIÓN HUMANA

El 19 de septiembre de 2015, una bicicleta en forma de bala dejó atrás a los demás competidores del desafío mundial de velocidad con propulsión humana en Battle Mountain, Nevada, EE.UU., con un nuevo récord mundial de 139.45 km/h, usando solo un diseño innovador, aerodinámica y potencia humana. Conocido como Eta Speedbike, el vehículo de 25 kg está hecho con un marco de fibra de carbono dentro en una carcasa aerodinámica de carbono de tipo panal. La empresa Aerovelo, de Toronto, Canadá, diseñó la bicicleta, que permite que el conductor se acueste en posición casi horizontal cerca del suelo, frente a una pantalla conectada a dos pequeñas cámaras para dirigirla.

SILLÓN VIAJERO Cuando Kalman Kallai atravesó Canadá desde Borden, Ontario, hasta Comox, Columbia Británica, hizo que el viaje de 4,500 km en nueve días fuera más interesante al remolcar un sillón verde de 27 kg. Con el sillón de segunda mano, podía detenerse y disfrutar del paisaje cómodamente.

MOTO TATUADA Los artistas polacos del tatuaje Tomasz Lech y Krzysztof Krolak pasaron 250 horas tatuando una motocicleta. Usaron cuero similar al color de la piel humana en la moto llamada *The Recidivist* como lienzo para tatuar las ruedas, el tanque, el asiento y la salpicadera trasera.

COCHE VOLTEADO El mecánico Rick Sullivan, de Clinton, Illinois, EE.UU., construyó un coche de ocho ruedas, cuatro en el suelo y cuatro que giran en el aire. Tardó seis meses y gastó 6,000 USD para crear su vehículo híbrido, que parece que va "de cabeza", con dos camionetas, una Ford Ranger 1991 y una Ford F-150 1995 volteada sobre la primera.

AUTOS CLÁSICOS Un raro Ferrari California Spyder 250 GT SWB, que estuvo abandonado en una granja francesa 40 años, se vendió en 18.5 mdd en una subasta en 2015, lo que lo convierte en el quinto automóvil más caro jamás vendido. Solo se hicieron 36 de ellos, y era parte de una colección de 60 autos clásicos, como un Maserati A6G 2000 Gran Sport Berlinetta Frua 1956, uno de solo tres en el mundo, que se vendió en 2.2 mdd. Eran del empresario Roger Baillon, pero quedaron abandonados antes de su descubrimiento fortuito en 2014.

SCOOTERS CON ESTILO

Andrew Wylie, de 40 años, y su padre, Rick, de 63 años, de North Tyneside, Inglaterra, fundaron una empresa que personaliza scooters de movilidad para que parezcan Jeeps®, Land Rovers® e incluso Harley-Davidsons®. Wylie tuvo la idea de rediseñar los vehículos, que usan sobre todo ancianos y discapacitados y que alcanzan velocidades máximas de solo 13 km/h, cuando conducía un taxi para niños discapacitados. "Personalizamos scooters para todos. Nadie quiere sentirse incapacitado, y así no tienen que hacerlo". También personalizaron ocho vehículos para los cantantes Robbie Williams y Dizzee Rascal, que manejan en el video musical de su sencillo "Going Crazy".

CARRITO CHOCÓN Tom Evans conduce un carrito chocón de feria convertido por las calles de Glasgow, Escocia. El vehículo púrpura, con motor y tres ruedas de un Reliant Robin, funciona con gasolina y tiene faros, frenos, velocímetro, direccionales y espejos laterales, es legal y su velocidad máxima es de 120 km/h.

SUBMARINO CASERO Tan Yong, criador de pollos de la provincia de Hubei, China, construyó su propio submarino funcional soldando láminas de metal de chatarra y usando partes de coches viejos. Tardó cinco meses en construir el submarino de una tonelada, que se zambulló 10 m en su viaje inaugural en un lago local.

BICICLETA OLÍMPICA

El chino Meng Jie ayudó a promover los Juegos Olímpicos de 2008 en Beijing recorriendo la ciudad en una bicicleta que diseñó con los cinco anillos olímpicos. Puede alternar entre pedalear normalmente o usar los brazos y las piernas para alcanzar velocidades de más de 100 km/h. Jie renunció a su trabajo de mecánico para incorporarse a una empresa deportiva, con la esperanza de que le ayuden a desarrollar la bicicleta.

DESFILE DE MOTONIEVES El 12 de febrero de 2015, 1,044 conductores de motonieves formaron un desfile de más de 4 km en las calles del centro de Whitecourt, Alberta, Canadá.

PASAJERA PERMANENTE La viuda Lee Wachtstetter, de Florida, EE.UU., paga 164,000 USD al año por vivir en un crucero de lujo. Vendió su casa en Fort Lauderdale después de la muerte de su esposo Mason, y ha vivido más de siete años en el *Crystal Serenity*, de 1,070 pasajeros, y rara vez baja a tierra. Ha completado más de 200 cruceros, incluidos 15 viajes alrededor del mundo.

BÚSQUEDA DE HELICÓPTEROS Jerry Grayson, que realizó misiones de rescate para la armada británica en la década de 1970 y que ahora vive en Melbourne, Australia, voló 37,015 km para localizar cada helicóptero en el que había volado. Viajó por todo el Reino Unido y encontró que la mayoría era ahora piezas de museo, pero uno, un Wessex Mark 1, lo habían convertido en cuartos de lujo para campistas, con camas, cortinas y cojines.

RASTREADOR DE TELÉFONO Ben Wilson usó una aplicación para encontrar su iPhone®, que se le cayó desde un avión ligero a 2,835 m de altura, en un pastizal a 80 km de su destino en Wichita Falls, Texas, EE.UU.

LARGO VIAJE El 9 de diciembre de 2014, el primer tren de carga que enlaza a China directamente con España completó un viaje continuo de 21 días, de más de 13,000 km. Comenzó en Yiwu el 18 de noviembre y pasó por Kazajstán, Rusia, Belarús, Polonia, Alemania y Francia, antes de llegar a su destino en Madrid.

TREN CASA La estudiante alemana Leonie Müller estaba tan desilusionada con los caseros, que en la primavera de 2015 se fue del departamento que rentaba para vivir en un tren. Lleva todas sus posesiones en una mochila, se lava el cabello en el baño del tren, estudia a bordo usando su tablet y viaja por todo el país a 300 km/h. ¡Su boleto nacional es 75 USD más barato por mes que la renta de su último departamento!

CAMINO DE LA MUERTE Cada año mueren unas 300 personas en el Camino a los Yungas en Bolivia, un estrecho camino rocoso de tierra con curvas cerradas, sin barreras de seguridad y con escarpadas caídas a los cañones del valle del río Coroico, 800 m más abajo. Le dicen el "Camino de la muerte", con sus curvas a lo largo de 64 km entre La Paz y Coroico.

ATERRIZAJE FORZOSO Después de que los sistemas eléctricos fallaron en su monomotor en febrero de 2015, un piloto y su esposa usaron sus iPads® para volar unos 129 km en la oscuridad y aterrizar sin el tren de aterrizaje en el Aeropuerto Regional de Rapid City, Dakota del Sur, EE.UU. La pareja volaba de Wyoming a Wisconsin cuando sus instrumentos dejaron de funcionar, excepto los indicadores de velocidad y altitud, y tuvieron que usar sus iPads para navegar a la pista del pequeño aeropuerto.

LANCHA VOLADORA

Una compañía eslovena creó el hidroala Quadrofoil, una lancha eléctrica futurista que permite a los pasajeros VOLAR por el agua.

Con un precio de 28,144 USD, sus alas en forma de C levantan la lancha sobre la superficie del agua, lo que da la sensación de volar a una velocidad máxima de 40 km/h, hasta unos 100 km con una sola carga, sin contaminación acústica marginal ni emisiones, y creando solo diminutas olas.

BILLAR SOBRE RUEDAS

Joe Fiscella, de Huntington Beach, California, EE.UU., puede jugar al pool en el camino, con su mesa de pool de tamaño reglamentario en la parte de atrás de un Chevrolet. El billarmóvil tardó 30 días en construirse en la carrocería de un 2000 Monte Carlo, y puede alcanzar 160 km/h. Cuenta con televisión, refrigerador y un sistema de audio de vanguardia. Fiscella contrató al constructor de autos profesional Vini "Big Daddy" Bergeman para que le ayudara a crear el coche de sus sueños.

MENSAJE PODADO El granjero Ruston Smith le pidió a su novia Kobi Sliva que se casara con él podando su propuesta en un campo cerca de Portland, Texas, EE.UU. La novia vio el mensaje después de que Smith convenció a un amigo piloto de que los paseara sobre el campo.

RESPUESTA EN KLINGON Cuando el político británico Darren Millar escribió al gobierno galés acerca de los ovnis avistados supuestamente cerca del aeropuerto de Cardiff, recibió una respuesta oficial en klingon. Tuvo que buscar a alguien que le tradujera este idioma de *Star Trek*.

SIN TOCINO Shaneka Torres, de Grand Rapids, Michigan, EE.UU., fue sentenciada a entre tres y siete años de prisión por disparar en el área de servicio en el coche de un McDonald's®, porque no le pusieron tocino dos veces a sus hamburguesas con queso. No hubo heridos.

CABALLITO DE HIELO Apenas un año después de recuperarse de un choque de Superbike que lo puso temporalmente en silla de ruedas, el corredor sueco Robert Gull realizó un *caballito* en su moto a 183 km/h sobre hielo durante 100 m, en el lago Kakel, Suecia.

GATO VOLADOR Romain Jantot iba en su avión ligero a cientos de metros de altura sobre Kourou, Guinea Francesa, cuando de repente un gato se asomó en la cabina. El gato debió estar sentado en el ala al despegar y de alguna forma se había aferrado durante el empinado ascenso. El sorprendido piloto aterrizó lo más rápido que pudo, para que el polizón ileso pudiera saltar hacia la pista.

ÚLTIMO MENÚ Un menú del último almuerzo servido en el *Titanic* antes de que se hundiera en 1912 se vendió en una subasta en Nueva York, EE.UU., en 2015 por 88,000 USD. El menú lo conservó el pasajero de primera clase Abraham Lincoln Salomon, que logró escapar mientras el lujoso trasatlántico se hundía.

BACHES TWITTEROS Para destacar el mal estado de las calles en la Ciudad de Panamá, el noticiero local *Telemetro Reporta* instaló sensores de movimiento en baches de la ciudad que enviaban un tweet de queja a la cuenta de Twitter del Departamento de Obras Públicas cada vez que un vehículo pasaba por ellos.

COCHES DE PELÍCULA Los hermanos Marc y Shanon Parker, de Port Canaveral, Florida, EE.UU., diseñan y construyen réplicas de coches de películas famosas, como el Acróbata de *Batman: el caballero de la noche*, un camión Optimus Prime de *Transformers* y el Ecto-1 de *Los cazafantasmas*. Sus versiones con permiso de circulación son tan populares, que las han comprado artistas como 50 Cent, Flo Rida y Lil' Wayne.

CONDUCTOR CANINO Mientras su dueño Tom Hamilton atendía a los corderos en su granja en Lanarkshire, Escocia, el collie de cuatro años Don saltó a un tractor, se apoyó en los controles y, como el freno de mano no estaba puesto, se lanzó por una pendiente. Con Don al volante, el tractor atravesó una barda hacia la concurrida autopista M74 antes de estrellarse contra la barrera central. Los sorprendidos conductores lograron evadir a Don, que resultó ileso después de su aventura.

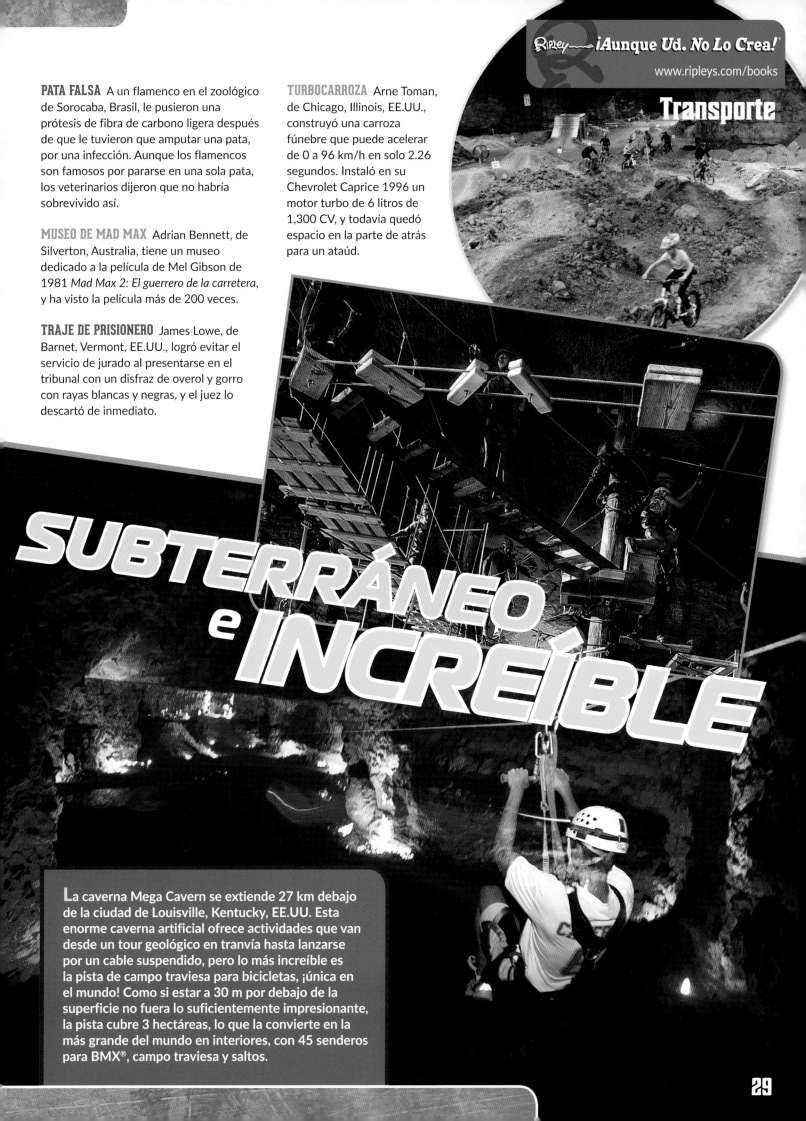

PATA FALSA A un flamenco en el zoológico de Sorocaba, Brasil, le pusieron una prótesis de fibra de carbono ligera después de que le tuvieron que amputar una pata, por una infección. Aunque los flamencos son famosos por pararse en una sola pata, los veterinarios dijeron que no habría sobrevivido así.

MUSEO DE MAD MAX Adrian Bennett, de Silverton, Australia, tiene un museo dedicado a la película de Mel Gibson de 1981 *Mad Max 2: El guerrero de la carretera*, y ha visto la película más de 200 veces.

TRAJE DE PRISIONERO James Lowe, de Barnet, Vermont, EE.UU., logró evitar el servicio de jurado al presentarse en el tribunal con un disfraz de overol y gorro con rayas blancas y negras, y el juez lo descartó de inmediato.

TURBOCARROZA Arne Toman, de Chicago, Illinois, EE.UU., construyó una carroza fúnebre que puede acelerar de 0 a 96 km/h en solo 2.26 segundos. Instaló en su Chevrolet Caprice 1996 un motor turbo de 6 litros de 1,300 CV, y todavía quedó espacio en la parte de atrás para un ataúd.

SUBTERRÁNEO e INCREÍBLE

La caverna Mega Cavern se extiende 27 km debajo de la ciudad de Louisville, Kentucky, EE.UU. Esta enorme caverna artificial ofrece actividades que van desde un tour geológico en tranvía hasta lanzarse por un cable suspendido, pero lo más increíble es la pista de campo traviesa para bicicletas, ¡única en el mundo! Como si estar a 30 m por debajo de la superficie no fuera lo suficientemente impresionante, la pista cubre 3 hectáreas, lo que la convierte en la más grande del mundo en interiores, con 45 senderos para BMX®, campo traviesa y saltos.

CAMIÓN DE CERVEZA Los bomberos del servicio voluntario de Feldhausen en Alemania construyeron una réplica de un camión de bomberos de 15 m de largo y 5 m de altura usando casi 5,000 cajas de cerveza. Usaron un montacargas y grúas para colocar las cajas.

TREN RETRASADO El expreso Guwahati-Trivandrum es el tren menos confiable de la India; se atrasa en promedio 11 horas, y a veces hasta un día.

VOLVOS HUNDIDOS Hay 30 coches Volvo en el fondo de la cuenca de Bedford, cerca de Halifax, Nueva Escocia, Canadá. Se hundieron en 1969 cuando el buque de contenedores que los transportaba sufrió graves daños en el Océano Atlántico.

DERRAME DE ABEJAS Un tráiler con 14 millones de abejas con valor de 92,000 USD se volcó en la carretera interestatal 5 cerca de Lynnwood, Washington, EE.UU., en abril de 2015, y desparramó su carga de 448 colmenas por la carretera. Mientras las abejas revoloteaban furiosas, apicultores con trajes protectores recuperaron todas las que pudieron.

Silla de ruedas de TANQUE

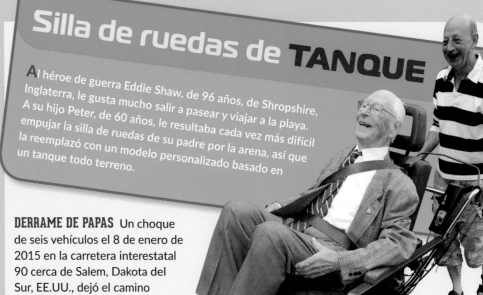

Al héroe de guerra Eddie Shaw, de 96 años, de Shropshire, Inglaterra, le gusta mucho salir a pasear y viajar a la playa. A su hijo Peter, de 60 años, le resultaba cada vez más difícil empujar la silla de ruedas de su padre por la arena, así que la reemplazó con un modelo personalizado basado en un tanque todo terreno.

DERRAME DE PAPAS Un choque de seis vehículos el 8 de enero de 2015 en la carretera interestatal 90 cerca de Salem, Dakota del Sur, EE.UU., dejó el camino cubierto con 227 kg de papas fritas de McDonald's® que se cayeron de uno de los camiones.

MOTOCICLETA DE VAPOR René van Tuil de Eck en Wiel, Holanda, pasó ocho meses construyendo una motocicleta de vapor que alcanza una velocidad máxima de 8 km/h. La "perla negra", que parece un cruce entre una locomotora de vapor y una moto, tiene un motor de vapor, y su rueda trasera se impulsa con un gran cigüeñal.

SURF DE SILLÓN Alexander Shapovalov recorrió las heladas calles de Krasnoyarsk, Rusia, sentado en un viejo sillón remolcado por un Subaru Forester, a velocidades peligrosamente altas. Quería llevar el sillón al basurero, pero como no cupo en su coche, lo ató a la defensa trasera y filmó el temerario paseo mientras uno de sus amigos conducía.

Muros de nieve

Desde mediados de abril hasta finales de mayo de cada año, cerca de un millón de personas viajan para ver las paredes de nieve de 19 m de altura a lo largo de la ruta alpina Tateyama Kurobe, cerca de Murodo-daira, Tateyama, Japón. Las paredes de nieve se crean con los 7 m de nieve que se despejan de las carreteras a lo largo de la ruta turística de montaña durante la temporada de invierno. La ruta tiene unos 90 km de largo y atraviesa las montañas alpinas del norte, de casi 3,000 m de altura, el llamado "techo de Japón".

CRUCE EN CABLES Para el lanzamiento en 2015 del XF de Jaguar en Londres, Inglaterra, el *stuntman* Jim Dowdall lo condujo sobre el río Támesis en cables paralelos de unos 34 mm de espesor. Para cruzar, tuvo que recorrer 240 m en cables suspendidos a 18 m sobre el río.

A TIEMPO Los trenes bala japoneses son de los más puntuales del mundo: solo se retrasan en promedio 18 segundos.

PASE GRATIS Durante un día en 2014, la ciudad siberiana de Novosibirsk ofreció transporte gratuito en metro a cualquiera que recitara al menos dos versos de un poema de Alexander Pushkin, uno de los más grandes poetas de Rusia.

OBJETOS PERDIDOS Los objetos que dejaron los pasajeros en trenes del norte de Inglaterra en 2015 incluyen 2,000 celulares, 1,300 carteras y bolsas, 600 paraguas, 529 llaves, 237 cordones para gafetes, 120 bolsas de compras, ocho dentaduras postizas, un ataúd de madera con cenizas, un CD de Barry Manilow, un hámster y un dinosaurio inflable de 1.8 m.

HIELERA MÓVIL Una compañía de Nueva Orleans, Luisiana, EE.UU., inventó una motoneta eléctrica plegable llamada Kreweser, donde el conductor se sienta en una hielera grande a la que le caben 96 latas de bebidas y el hielo. Perfecta para días de campo, alcanza una velocidad de 29 km/h, y su batería completamente cargada suministra suficiente energía para un viaje de 26 km. La hielera motorizada también puede equiparse con un sistema de audio Bluetooth®.

TROTAMUNDOS Desde 1997, Peter y Ellen Crichton, de Leicestershire, Inglaterra, han viajado más de 320,000 km por el mundo en su Land Rover Discovery de 1991, al que llaman *Rabia*. Han visitado el punto más septentrional del mundo accesible para vehículos, en Escandinavia, y el más austral, cerca del Cabo de Hornos, Chile.

MISMO BARCO Entre 2003 y 2015, Bernard y Janice Caffary, de Lakeland, Florida, EE.UU., tomaron 100 cruceros en el mismo barco, el *Carnival Sensation*.

RESCATE DE INODORO Cuando el pasajero Steven Staples quedó atrapado en un inodoro de tren en Londres, Inglaterra, y nadie vino a rescatarlo, envió a los jefes de la Southeastern Rail Company un mensaje de SOS en Twitter. Después de determinar en qué tren estaba y su ubicación exacta, alertaron al conductor para que liberara a Staples.

SENTADILLAS EN EL METRO En Moscú, Rusia, las máquinas de boletos del metro ofrecen viajes gratuitos a los pasajeros que puedan hacer 30 sentadillas en dos minutos.

AUTO KITT Scott Bainbridge, un cartero de Newcastle upon Tyne, Inglaterra, pasó 10 años transformando un viejo Pontiac Firebird Trans Am en una réplica de KITT, el coche de la serie de televisión *El auto increíble*. El Pontiac le costó 3,000 USD en 2004, y gastó más de 25,500 USD en acondicionarlo con un tablero electrónico, puertas, salpicaderas, ruedas y un motor V8 de 5.7 litros. Incluso grabó la voz del coche del programa, para que su réplica pudiera hablarle.

BUENA PROPINA En enero de 2015, un generoso pasajero le dio al taxista Oumar Maiga, de Filadelfia, Pensilvania, EE.UU., una propina de casi 1,000 USD por un pasaje de 4.31 USD.

TANQUE ESCOLAR Nick Mead, de Northamptonshire, Inglaterra, tiene una colección de 130 vehículos militares con valor de más de 3 mdd, y lleva a sus hijos a la escuela en un tanque con permiso para circular.

Caballo robot

El inventor Su Daocheng monta un caballo robótico de gasolina de 1.5 m de altura por las calles de Shiyan, China. Tardó dos meses en construir el caballo mecánico de metal, que pesa 250 kg y tiene patas con resortes y un motor de go-kart reciclado.

Coche cama CON VITRALES

En el Festival de Diseño 2015 de Londres, Inglaterra, el artista británico Dominic Wilcox reveló su visión del futuro del transporte: un coche cubierto de vitrales, sin conductor, con una cama. El domo de vitral cortado a mano se construyó con la misma técnica que se usa para las lámparas Tiffany, y se abre para revelar una cama en el interior, donde el pasajero puede dormir mientras el coche lo lleva a su destino. Wilcox cree que para 2059, será una "certeza estadística" que los automóviles sin conductor controlados por computadora sean más seguros que los que maneja la gente. "Simplemente necesitaremos un espacio para vivir sobre ruedas".

ÚNICO PASAJERO En un vuelo programado de Air Zimbabwe de Johannesburgo, Sudáfrica, a Victoria Falls, Zambia, el jugador de ajedrez profesional británico Nigel Short fue el único pasajero a bordo de un Boeing 737 con capacidad para más de 130 personas. Ninguno de los otros pasajeros se presentó, por lo que los sobrecargos se dirigieron a Short por su nombre al darle la información de seguridad y otros anuncios.

BARCO ESPÍA El *Aji Petri*, un barco soviético que se usó para espiar al Reino Unido y Estados Unidos durante la Guerra Fría, se rebautizó como *La Sultana* y se transformó en un yate de lujo que se puede alquilar por 246,000 USD a la semana. El buque de 65 m de largo tiene seis cabinas y baños de mármol, elegantes paneles de madera, una piscina cubierta, un jacuzzi al aire libre y un helipuerto.

PASAJEROS INVOLUNTARIOS Matthew y Pamela Menz, junto con sus dos hijos adultos Justin y Jennifer, quedaron atrapados en su minivan, cuando se atascó bajo la parte trasera de un tráiler, que los arrastró 26 km por la carretera interestatal 75 en el norte de Michigan, EE.UU. Matthew había golpeado la parte trasera del tráiler durante una tormenta de nieve, pero el conductor del camión no se dio cuenta, hasta que lo detuvo la policía cerca de la ciudad de Grayling.

DESFILE DE MOTOCICLETAS El 7 de febrero de 2015, cerca de 20,000 motociclistas formaron una línea de motos de 19 km por las carreteras de Guatemala. Recorrieron 222 km de la Ciudad de Guatemala a Esquipulas para la Caravana del Zorro, un desfile anual que se celebró por primera vez en 1961, con solo cinco personas.

Simulador de vuelo

Como no era bueno para las matemáticas, John Davis, de 54 años, de Coventry, Inglaterra, tuvo que renunciar a su sueño de ser piloto. Para consolarse, convirtió su recámara en una réplica de la cabina de un Boeing 747-400. Tardó 15 años y gastó 31,000 USD. Cada año "vuela" al menos 75,000 km por el mundo, sin salir de su casa, en la réplica de tamaño real que construyó a mano. También ofrece su "experiencia de vuelo" a otros entusiastas de la aviación, personas con miedo a volar e incluso pilotos que quieren practicar entre vuelos.

A todo vapor

El fotógrafo Joe Broyles, de 61 años, capturó esta espectacular y rara imagen de un jet y un efecto conocido como vaporización inducida por flujo, en la estación naval aérea Oceanía en Virginia, EE.UU., el 21 de septiembre de 2015. Es un jet F-18 Super Hornet 2, con un cono de vapor a su alrededor. El cono dura solo décimas de segundo, y se produce cuando se forma vapor alrededor de objetos que vuelan a gran velocidad en condiciones ambientales propicias.

VISIÓN DE TÚNEL El túnel de base de San Gotardo para trenes, de 57 km, que pasa por debajo de los Alpes suizos, tardó 20 años en construirse y se necesitaron 2,600 trabajadores. Para perforar un total de 152 km de túneles, tiros y pasajes, se cortaron 13 millones de metros cúbicos de roca, el volumen de casi nueve edificios Empire State.

APRETADOS La policía de Guiyang, China, detuvo un minibús que iba muy lento, y encontraron a 51 pasajeros en un vehículo diseñado para seis personas.

AL TRABAJO VOLANDO En condiciones despejadas y con vientos de menos de 19 km/h, Paul Cox, de Gwalchmai, Gales, despega y recorre 16 km para llegar a su trabajo en un paramotor. Cuando aterriza después de media hora, empaca la máquina voladora en una maleta.

TREN DE BODA En agosto de 2015, Megan Grant y Michael Hayward se casaron a bordo de un tren que viajaba desde Fremantle a Perth, Australia Occidental. La ceremonia en el tren fue una sorpresa para los 30 invitados, así como para los otros pasajeros.

AVIÓN DE PAPEL Shai Goitein, un ex piloto de Haifa, Israel, creó un dispositivo que convierte un avión de papel ordinario en una máquina de control remoto que puede permanecer en el aire 10 minutos a la vez. El PowerUp 3.0 es una unidad de pilas con una hélice en un extremo y un receptor en el otro, que se puede sujetar a cualquier avión de papel. El avión se controla con una aplicación de smartphone que permite al usuario cambiar la trayectoria al inclinar el teléfono.

TRABAJO NATURAL Erkan Geldi nació a bordo de un vuelo de Turkish Airlines de Esmirna, Turquía, a Frankfurt, Alemania, en 1990, y ahora, después de terminar la universidad, trabaja como sobrecargo de Turkish Airlines. Nació cuando su madre entró en trabajo de parto durante el descenso, y se llama así por el piloto que volaba el avión ese día.

CARRETERA RECTA La autopista 10 de Arabia Saudita, que va de Haradh a la frontera con los Emiratos Árabes Unidos, tiene un tramo de 260 km sin una sola curva.

MULTITUD DE MULTAS Un conductor en Kuwait acumuló la increíble cantidad de 1,645 infracciones de tránsito, con multas de casi 200,000 USD.

>¡30,000 huesos de yak!

Coche dragón

El escultor Su Zhongyang y otros 19 artistas pasaron tres años y medio creando esta enorme escultura de dragón con 30,000 huesos de patas de yak y oro puro, para decorar un BMW Z4 en Guangzhou, China. El volante, la palanca de cambios y el panel interior también están decorados con delicadas tallas de hueso.

ATLAS DE TRENES El coronel Michael Cobb pasó 18 años compilando un atlas de 646 páginas de los ferrocarriles de Gran Bretaña de 1807 a 1994. Trazó a mano todas las rutas y, a los 91 años, obtuvo un doctorado de la Universidad de Cambridge.

PASAJEROS DESESPERADOS El tráfico hizo que Matteo Clementi y Enrica Apollonio llegaran tarde a su vuelo en el aeropuerto internacional de Malta. Abrieron por la fuerza una puerta de seguridad y corrieron hacia la pista, haciéndoles señas a los pilotos en un intento desesperado por detener el avión, pero no se les permitió abordar, los arrestaron y les impusieron una multa de más de 2,500 USD.

CICLISTA INDIGNADO Tras encontrar un coche estacionado que bloqueaba un carril de bicicletas en Sao Paulo, Brasil, un ciclista levantó él solo el vehículo, un Fiat de 740 kg, y lo quitó del paso. Luego se subió de nuevo a su bicicleta y se fue.

PERDIDO Una mañana, los pasajeros del metro en Dortmund, Alemania, se sorprendieron cuando un automóvil Ford Focus llegó a la estación, en vez del tren que esperaban. Mientras conducía por unas vías de tren en la superficie, un conductor ebrio siguió accidentalmente a un tren de metro hacia un túnel subterráneo durante 2.4 km, hasta la estación Barop Parkhaus. El servicio regular se retrasó varias horas mientras retiraban el coche de las vías y de la estación empujándolo.

SEÑAL SOLITARIA Solo hay una señal de alto en toda la ciudad de París, Francia. Los conductores que se acercan a una intersección desde la derecha automaticamente tienen prioridad.

BICICLETA VOLADORA Parte triciclo, parte autogiro, la bicicleta de 395,000 USD de construcción holandesa Pal-V (vehículo personal terrestre y aéreo) puede alcanzar 180 km/h en carretera y volar 480 km a una altura de hasta 1,200 m.

BÓLIDO ELÉCTRICO El coche eléctrico de baterías Green Team E0711-6, desarrollado por ingenieros y 40 estudiantes de la Universidad de Stuttgart, en Alemania, pasa de 0 a 100 km/h en solo 1.779 segundos, más rápido que un auto de Fórmula 1®.

MERCEDES EMPLUMADO Costas Schuler, diseñador gráfico de Forestville, California, EE.UU., pasó más de cinco años cubriendo casi todo el interior y el exterior de un auto Mercedes Benz® 300SD 1981 con más de 10,000 bolígrafos de colores. Pegó cada uno individualmente con adhesivo de silicona.

COCHE IMPRESO La empresa Local Motors, de Arizona, EE.UU., creó un automóvil impreso en 3D que alcanza una velocidad máxima de 64 km/h. El Strati de baterías de dos plazas está hecho de capas de plástico negro reforzado con fibra de carbono, y se puede imprimir en menos de dos días. Está hecho de solo 49 partes, en comparación con las 5,000 de un vehículo típico. Las llantas, la batería, el cableado, el parabrisas y la suspensión están hechos con métodos tradicionales, pero la carrocería, el chasis, el tablero, la consola central y el cofre provienen de una impresora que puede hacer partes de hasta 3 m de largo.

ACCESORIOS DE BARCO Al historiador marítimo Peter Knego le gustaba tanto el viejo crucero *Aureol*, que cuando lo desmantelaron, hizo que le enviaran en un contenedor todos los accesorios, incluida una barra de caoba, paneles de arce, gabinetes, sillas y luces, desde Alang, India, en un viaje de ocho semanas, para instalarlos en su casa en Moorpark, California, EE.UU. Ahora vive en una casa más grande en California, donde hay lugar para centenares de objetos que ha recuperado de más de 30 barcos desmantelados.

GORRA RECUPERADA El ex oficial Roger Dewar, de Hobart, Tasmania, volvió a encontrar la gorra de la marina australiana que había intercambiado en Filipinas, 53 años atrás. En 1964, conoció a un grupo de marinos estadounidenses e intercambió su gorra con la del oficial electricista Ray Silvia. Medio siglo después, Robert Musker, ex cuñado de Ray, encontró la gorra con el nombre de Roger en un sótano de Malden, Massachusetts, EE.UU., y localizó a su dueño original.

ATERRIZAJE DE EMERGENCIA El 12 de julio de 2015, un piloto aterrizó dramáticamente un monomotor en la parte central de pasto de la transitada carretera 72 en Stafford Township, Nueva Jersey, EE.UU., después de que se cortó el suministro eléctrico. El piloto, que llevaba a cuatro pasajeros de una escuela local de paracaidismo, pasó cerca de unos cables eléctricos y de varios coches, antes de aterrizar sin causar daños.

MÁQUINA IMPARABLE Creado en Sudáfrica, el Marauder es un vehículo militar blindado turbo diesel de seis cilindros que alcanza velocidades de 120 km/h y puede aplastar paredes sólidas y resistir explosiones de minas terrestres y misiles balísticos.

COCHE SUBMARINO La tienda estadounidense Hammacher Schlemmer puso a la venta un coche de 2 mdd que puede manejarse bajo el agua, a 120 km/h. Inspirado en el submarino *Lotus* que maneja James Bond en la película *La espía que me amó*, el deportivo de dos plazas tiene un motor eléctrico, hélices en la parte trasera y chorros de agua en la parte delantera para dirigir y elevar. Flota en el agua, pero se sumerge hasta 10 m al tirar de una palanca. Tiene dos tanques de buceo para que el conductor y el pasajero puedan permanecer bajo el agua una hora.

TÚNEL ARCO IRIS

El primer "túnel arco iris" de China se inauguró en Zhengzhou, provincia de Henan, en 2015, ¡y puede haberse inspirado en una carrera del videojuego *Mario Kart*®! La sección media está hecha de concreto ordinario, y los 300 m combinados de los extremos norte y sur están formados por bloques de colores que van del morado al azul, para ayudar a los conductores a acostumbrarse al cambio de luz al entrar y salir del túnel. El túnel de 400 m de largo costó casi 16 mdd.

VEHÍCULOS SOLARES

Cine solar

Sol Cinema

TICKETS

Jo Furlong vio algo más que un desvencijado remolque de 45 años en un lote baldío. ¡Vio la posibilidad de crear un cine totalmente funcional con energía solar! Con la ayuda de los artistas Ami y Beth Marsden y el cineasta Paul O'Connor, Furlong creó el Sol Cinema usando en su mayor parte materiales reciclados. ¡Es el cine móvil más pequeño del mundo! Caben ocho adultos o 10 jóvenes, y todo el cine (proyectores, sistema de sonido envolvente, laptops, discos duros y luces) usa la energía generada por dos paneles solares de 120 W. Furlong y su equipo se visten con uniformes clásicos de acomodador y viajan a festivales de música, fiestas privadas y eventos corporativos.

RIPLEY PREGUNTA ?

¡El Sol Cinema nos muestra más sobre sus luces, cámara y acción solar!

P ¿Cuánto tiempo tardó en construirse? ¿Cuánto costó?
R La construcción tardó tres meses, después de un año de trabajo con muchos diseños diferentes. Lo más difícil fue encontrar los paneles solares correctos. Costó unos 31,000 USD.

P ¿Qué pasa cuando llueve o nieva?
R Podemos recolectar bastante energía en días nublados. De hecho, los paneles solares funcionan mejor cuando están fríos. El año pasado trabajamos todo el día en el Festival de cine de Birmingham durante una nevada, y el Sol Cinema se mantuvo cálido y acogedor.

P ¿Qué sigue para el Sol Cinema?
R Tenemos planes para construir un cine más grande al aire libre con energía solar, y tal vez construyamos más Sol Cinemas para satisfacer la creciente demanda.

Energía solar móvil: Stella

En 2013, ingenieros holandeses de la Universidad de Tecnología de Eindhoven construyeron Stella, el primer coche solar que produce más energía de la que utiliza. Cabe en él una familia de cuatro, y utiliza grandes paneles solares que le permiten recorrer unos 402 km sin luz de sol. Cuando está completamente cargado, puede recorrer hasta 676 km, ¡casi el doble de un coche eléctrico estándar! El coche pesa 380 kg y está hecho de aluminio ligero de alto grado y fibra de carbono, y es casi 1,120 kg más ligero que un coche eléctrico promedio.

Ripley Investiga

¡La luz solar que brilla en la Tierra en una hora podría satisfacer la demanda mundial de energía durante un año! Un **panel solar** es una pieza rectangular grande y plana formada por colectores individuales de energía solar llamados celdas solares. Cada celda es un octágono azul oscuro del tamaño de una palma de mano adulta. **Estas celdas están diseñadas para capturar la luz solar y generar electricidad**, al igual que hacen químicamente las celdas de una batería.

Moderno y CLÁSICO

Lo viejo es nuevo otra vez, si se puede hacer funcionar. Anthony Dunkin y sus colegas de Quantum Power UK en Oxford, Inglaterra, idearon una forma innovadora de llevar el pasado al futuro instalando tecnología solar en un Ford modelo T clásico. Este vehículo único, llamado MAX, es el "coche más antiguo" con energía solar del mundo.

FUNERAL DE CANARIO En 1920, 10,000 personas salieron a las calles de Newark, Nueva Jersey, EE.UU., para rendir homenaje a un canario local llamado Jimmy, que iba en un ataúd en medio de una procesión funeraria de 500 personas, con una banda de 15 músicos.

COCHE DE JUGUETE Cuando le retiraron su licencia de conducir, la estudiante de 20 años de la Universidad Estatal de Texas, EE.UU., Tara Monroe, compró un pequeño jeep de juguete rosado de Barbie® de baterías por 60 USD en Craigslist y lo usó para moverse por el campus de San Marcos a 8 km/h.

DÉJÀ VU La policía detuvo a un hombre de 33 años de West Hartford, Connecticut, EE.UU., que circulaba a 180 km/h por la carretera interestatal 89 de Vermont, en camino a los tribunales para pagar una multa por exceso de velocidad.

CONSERJE CON 8 MILLONES Ronald Read, de Brattleboro, Vermont, EE.UU., trabajaba como conserje, usaba un abrigo andrajoso y conducía un viejo coche de segunda mano, pero en secreto invertía en la bolsa de valores. Cuando murió en 2014 a los 92 años, dejó un patrimonio con valor de más de 8 mdd.

FUE EL PERRO Detenido por sospecha de manejar en estado de ebriedad luego de una persecución en el condado de Manatee, Florida, EE.UU., Reliford Cooper III le dijo a la policía que él no iba manejando, sino su perro.

TESORO SUMERGIDO Eric Schmitt y su familia, de Sanford, Florida, EE.UU., encontraron un tesoro con valor de 1 mdd sumergido en el agua a solo 4.5 m de profundidad cerca de Fort Pierce, de un barco que se hundió hace 300 años. Recuperaron una cadena de oro de adorno de 12.1 m y 51 monedas de oro, incluyendo una que se cree que se hizo para el rey Felipe V de España, con valor aproximado de 500,000 USD. El barco se hundió durante un huracán en 1715 mientras iba de Cuba a España, y toda la tripulación murió.

REUNIONES FORTUITAS Apenas tres semanas después de darse cuenta de que un acusado era un ex compañero de clase, la juez de Florida Mindy Glazer descubrió que se había topado con otro conocido en un caso diferente. El primero fue Arthur Booth, acusado de robo, que fue compañero suyo en la secundaria Nautilus de Miami, EE.UU. El segundo fue Alon Glenn, acusado de fraude, que había estado en el mismo crucero que ella por el Caribe durante el fin de semana.

PARADA PROLONGADA Una familia francesa dejó sin darse cuenta a su hija de tres años en una parada de autopista cerca de Loriol, y condujo otros 144 km hacia la Riviera sin ella. Solo se dieron cuenta de que habían olvidado a uno de sus tres hijos cuando escucharon una alerta en el radio.

PROPUESTA A LA POTTER Samuel Goetsch viajó 8,000 km de Houston, Texas, EE.UU., a Inglaterra con su novia Stephanie Dodd, una gran fan de Harry Potter, solo para proponerle matrimonio en la plataforma tres de la estación de trenes de Surbiton, donde se filmaron escenas de *Harry Potter y el misterio del príncipe*.

¡BASURA A LA VISTA!

El artista Butch Anthony, de Seale, Alabama, EE.UU., demostró que la basura de un hombre puede ser el tesoro de otro, o la oportunidad de buscarlo. Junto con los artistas holandeses Diederick Kraaijeveld, Nick Wagemans y Gideon Elings, Anthony construyó el *Llatikcuf*, un barco pirata creado con objetos desechados y basura, y navegaron en una aventura de 10 días por los ríos Chattahoochee y Apalachicola hacia el Golfo de México. Construyeron el barco usando un viejo pontón y un motor de 90 caballos que Anthony encontró en Craigslist, así como el armazón de un cámper, un candelabro de cráneos de animales y una bola de discoteca. Los artistas usaron también desechos que recogieron durante el viaje para crear y exhibir obras de arte por el camino.

Tren steampunk

Comisionado por Ripley en 2015 para el Odditorium de la ciudad de Nueva York, este tren interactivo de estilo *steampunk* es la creación más grande de Patrick Acton, de Gladbrook, Iowa, EE.UU. Usó más de un millón de cerillos y 132 litros de pegamento.

El tren se llama *Plane Loco* y mide más de 6 m de largo, 3 m de alto y tiene una envergadura de 4 m. El diseño de Acton está basado vagamente en una locomotora de vapor 2-6-0 de principios del siglo XX y en el diseño del ala de Leonardo da Vinci del siglo XVI, y tardó más de 3,000 horas en completarse. Los visitantes de nuestro Odditorium en Times Square pueden jugar con el faro y la campana del tren, y usar una palanca para abrir la cámara de combustión. También tiene un acelerador, una palanca de freno, una palanca de avance y retroceso y muchas válvulas y medidores que darán a los visitantes de ¡Aunque usted no lo crea! de Ripley la oportunidad de ser maquinistas.

CARRERA EN BOLA En octubre de 2014, el corredor iraní Reza Baluchi fue rescatado por la guardia costera estadounidense tras intentar cruzar de Florida a las Bermudas, una distancia de más de 1,600 km, en una gigantesca bola inflable. La idea era correr dentro de la esfera flotante, como un hámster en una rueda, pero lo rescataron después de cuatro días, apenas a 112 km de la costa de Florida. Los guardias dijeron que estaba desorientado y preguntaba cómo llegar a las Bermudas.

CORREDOR DESCALZO Siguiendo una ruta indirecta, Aleks Kashefi, de Derbyshire, Inglaterra, corrió 1,856 km descalzo de Land's End, Cornualles, a John O'Groats, Escocia, en 38 días. Se lesionó el pie el segundo día después de que los vendavales lo arrojaron contra una gran roca, y tuvo que usar un bastón los siguientes 64 km.

DOS DIRECCIONES Jake Boys, de Londres, Inglaterra, decidió sorprender a su novia Emily Canham con boletos para ver a One Direction, pero reservó vuelos al país equivocado. Los boletos eran para el concierto de la banda en Cardiff, la capital de Gales, pero Boys pensó que era la capital de Irlanda.

OTRO GLASGOW Mary y Jack McQueen creyeron que habían encontrado un vuelo barato en línea de 960 USD de Glasgow, Escocia, a Las Vegas, Nevada, EE.UU., solo para descubrir que reservaron un vuelo desde Glasgow, Montana, EE.UU. Afortunadamente, les reembolsaron el dinero una vez que se detectó el error.

MERCEDES DE LADRILLO El artista Dai Yun, de Xi'an, China, hizo una escultura de tamaño natural de un Mercedes-Benz® alemán usando ladrillos rojos. Además de la carrocería, las ruedas, los asientos, los espejos, el volante, la placa e incluso el logotipo de Mercedes-Benz® están hechos de ladrillo.

SUBIBAJA SINCRONIZADO Liu Haibin construyó un subibaja de alta tecnología que le permite jugar con su hijo a 1,168 km de distancia. Hizo dos subibajas idénticos con sensores de movimiento, uno en su casa en la ciudad de Xiamen, China, y el otro en la ciudad de Tengzhou, donde viven su esposa y su hijo. Los datos de los sensores se envían por Internet y los dos subibajas se sincronizan, y tanto padre como hijo pueden verse en monitores e interactuar mientras juegan.

ATAÚD CERRADO Jenny Buckleff, que trabajaba como embalsamadora en una funeraria, llegó a su boda con Chris Lockett en Llangefni, Gales, en un ataúd cerrado tirado por una motocicleta.

3 Hazañas

LAVA
y kayaks

Aunque usted no lo crea, ¡estos intrépidos exploradores están flotando en FUEGO! En 2013, el brasileño Pedro Oliva remó en un kayak a pocos metros de los arroyos rojizos que salían del volcán Kilauea en Hawái. Cuando decidió salir a explorar la costa a pie, ¡accidentalmente le prendió fuego a su remo! Oliva y sus colegas, Chris Korbulic y Ben Stookesberry, estaban explorando algunas de las rutas de kayak menos conocidas de Hawái para el programa *Kaiak*, una serie de aventuras en el Canal Off de Brasil. El equipo exploró más de 300 cascadas y ríos en cuatro islas: Hawái, Maui, Kauai y Oahu.

Rescate en horas pico

Cuando una estudiante universitaria de 19 años quedó atrapada bajo un tranvía de 20 toneladas el 20 de septiembre de 2015 en Changchun, China, los bomberos y más de 100 transeúntes lo levantaron lo suficiente para que los rescatistas pudieran sacar a la chica. El conductor del tranvía puso el freno de emergencia cuando la vio cruzar menos de 10 metros adelante, pero cuando la joven cayó al suelo para evitar que la golpeara el tranvía, rodó debajo y se quedó atorada.

GAJES DEL OFICIO Durante la temporada de futbol americano universitario de 1905 en Estados Unidos, 18 jugadores murieron y 150 resultaron gravemente heridos durante los juegos.

TIRO ASOMBROSO Durante el medio tiempo del partido de la NBA® entre los Detroit Pistons y los New York Knicks en Auburn Hills, Michigan, EE.UU., el 27 de febrero de 2015, una de las bailarinas de los Pistons, Kathryn Martin, anotó un tiro desde media cancha de espaldas a la canasta.

MANOS DE RAYO El experto en artes marciales Ian Bishop, de Barry, Gales, puede asestar 13 golpes en un segundo, lo que dura un parpadeo.

CHICLES
CONFISCADOS

El maestro jubilado Bruce Wilcox, de Tustin, California, EE.UU., tiene los chicles que confiscó de sus estudiantes durante 28 años.

CABEZAS BAMBOLEANTES Mark Wlodarski, de Mississauga, Ontario, Canadá, tiene una colección de más de 400 muñecos de cabeza bamboleante, que incluye jugadores de los Raptors, Blue Jays y Maple Leafs. Guarda casi todas las figuras de plástico, algunas de 90 cm de altura, en 10 gabinetes de vidrio en su casa.

PREMIO ESPACIAL El golfista británico Andy Sullivan ganó un viaje al espacio al hacer el primer hoyo en uno en el hoyo 15 de par 3 del torneo abierto de KLM de 2014 en Zandvoort, Holanda. El premio de 100,000 USD incluía un vuelo de 30 minutos a una altitud de 100 km.

SALTADOR OSADO El *stuntman* sueco Alassan Issa Gobitaca, mejor conocido como *Al el saltador*, salta sobre coches que lo embisten a 128 km/h. Salta en el último segundo para que el coche pase debajo de él. También ha librado dos motos a gran velocidad, una detrás de la otra, con un solo salto.

CAMPO CON SUERTE En solo dos meses en 2015, 10 golfistas con edades comprendidas entre 11 y 79 años hicieron hoyos en uno en el club campestre Nashawtuc de Concord, Massachusetts, EE.UU.

ALTURA DE VÉRTIGO El entusiasta de los deportes extremos rumano Flaviu Cernescu desafió los fuertes vientos y una altura de 166 m para conducir un monociclo por la angosta saliente de 15 cm de ancho de la represa más alta de su país, la Vidraru.

AMBICIÓN CIEGA Erik Weihenmayer y Lonnie Bedwell, ambos ciegos, recorrieron en kayak los rápidos del Gran Cañón en el río Colorado en septiembre de 2014, un viaje de 443 km que tardó 21 días. Bedwell se preparó para el desafío desde 2013 con un kayak prestado en el estanque de su granja en Dugger, Indiana, EE.UU., donde practicó 1,500 veces.

EN FORMA El galés de nacimiento Carlton Williams, de Margaret River, Australia Occidental, completó 2,220 lagartijas en una hora el 25 de julio de 2015, un promedio de una cada 1.6 segundos.

LATIGAZOS Nathan "Whippy" Griggs, de Mataranka en el Territorio del Norte en Australia, puede chasquear un látigo 530 veces en un minuto, ¡nueve veces por segundo!

SERMÓN LARGO El pastor Zach Zehnder dio un sermón en Mount Dora, Florida, EE.UU., que duró más de dos días. Pasó desde el Génesis hasta el Apocalipsis, desde las 7 a.m. del 7 de noviembre de 2014 hasta a las 12:21 p.m. del 9 de noviembre, 53 horas y 18 minutos después.

CARRERA MUSICAL Harriette Thompson, de Charlotte, Carolina del Norte, EE.UU., completó un maratón a los 92 años. Terminó la carrera de Rock 'n' Roll de San Diego en 2015 en 7 horas, 24 minutos y 36 segundos y, como pianista clásica, se mantuvo enfocada en la carrera mientras tocaba mentalmente piezas de piano que había interpretado en el pasado. Ha corrido maratones desde que tenía 76 años.

MONTAÑA RUSA EN MOTO El francés Julien Dupont recorrió en una motocicleta una montaña rusa de madera de 50 años con una altura máxima de 33 m. En lugar del típico carro, puso su moto en la montaña rusa de 1.2 km de longitud, que alguna vez fue la más alta del mundo, en la ciudad de México.

Ripley — **Revisado**

Enigma excéntrico

Cubierto de la cabeza rapada a los dedos de los pies con un tatuaje de rompecabezas azul, el artista de circo, músico y actor The Enigma nos dejó con ganas de saber más después de aparecer en ¡Planeta Excéntrico! de 2005. Este ex miembro del circo de Jim Rose, que también tiene implantes de cuernos en la piel del cráneo, es ahora una leyenda en el mundo de las modificaciones corporales. Ha aparecido muchas veces en televisión y en revistas, y es popular en festivales de música, convenciones de tatuajes y pláticas escolares contra el acoso o "bullying". The Enigma ha cambiado literalmente el rostro del entretenimiento en vivo y ha cautivado al público más de 20 años con una combinación única de actos de circo y humor poco convencional.

>¡Más de 8 pisos
hacia abajo!

ClavaDOS

Gary Hunt, de Gran Bretaña, ganó el codiciado título de campeón del mundo.

El clavadista de Bulgaria Todor Spasov.

Lanzándose desde una plataforma a más de 27 m de altura sobre una alberca olímpica, estos elegantes clavadistas participaron en el XVI Campeonato Mundial FINA en Kazán, Rusia, en el verano de 2015. Con un telón de fondo de edificios con cúpulas tradicionales rusas, los clavadistas parecen volar por el cielo azul. Gary Hunt, de Gran Bretaña, obtuvo el título de campeón mundial con un total de 629.30 puntos.

Vuelo sobre el agua

En septiembre de 2015, Shi Liliang, un monje Shaolin, realizó con éxito la legendaria proeza Shaolin Qing Gong de "volar sobre el agua" cruzando un río de 125 m de ancho en Quanzhou, China. El monje de 33 años dio pequeños pasos rápidos sobre la superficie del agua usando 200 tablas de triplay. Shi, que ha practicado durante 10 años, logró romper su récord anterior de 118 m, que estableció en octubre de 2014.

EXTRAÑA TÉCNICA Jason Palmer, un golfista profesional de Leicester, Inglaterra, siempre hace tiros de chip y búnker con una sola mano. Desde que adoptó esta técnica inusual por la frustración durante un torneo en España en 2010, ha logrado cinco victorias en torneos, y pasó al prestigioso Tour Europeo.

ROMPEHIELOS Se calcula que un 68 por ciento de los jugadores profesionales de hockey ha perdido al menos un diente en un partido.

SOLUCIÓN RÁPIDA Marcin Kowalczyk resolvió el cubo de Rubik® en solo 21.17 segundos en Szczecin, Polonia, con los ojos vendados. Lo hizo memorizando primero el patrón del cubo. Una vez, resolvió 41 cubos en menos de una hora, con los ojos vendados.

CAMBIO DE CARRERA El futuro miembro del Salón de la Fama de la NBA®, Tim Duncan, estaba entrenando para la selección del equipo de natación olímpico de Estados Unidos de 1992 cuando el huracán Hugo destruyó la única alberca en la que podía entrenar en St. Croix, Islas Vírgenes, en 1989. Como tenía un miedo patológico a los tiburones, no quiso practicar en el océano, así que comenzó a jugar baloncesto solo para mantenerse en forma.

AERODESLIZADOR PERSONAL El inventor canadiense Cătălin Alexandru Duru, nacido en Rumania, voló 276 m, la longitud de dos campos de futbol, en un aerodeslizador a una altura de unos 5 m sobre el lago Ouareau en Quebec, antes quedarse sin batería. Tardó 12 meses en diseñar su "patineta" con hélices.

DILEMA DE UNIFORMES El equipo de futbol americano de la Universidad de Oregon, los Ducks, tiene 512 combinaciones de uniforme para elegir antes de cada partido.

TRAGAESPADAS La artista Verónica Hernández, de Dallas, Texas, EE.UU., se tragó una espada de 35 cm cuando estaba embarazada de nueve meses, pocos días antes de dar a luz.

COLECCIÓN RETORCIDA Susan Suazo, de Los Lunas, Nuevo México, EE.UU., colecciona juguetes de Slinky® desde hace más de 40 años, y ahora tiene más de mil. Llenan una habitación de su casa, incluidos los 200 que cuelgan del techo y varios que brillan en la oscuridad. Tiene Slinkys clásicos, uno con chapa de oro y otros con los coloridos resortes retorcidos para formar decoraciones florales o pirámides ornamentales.

MANO FIRME El mesero Oliver Strümpfel llevó y equilibró cuidadosamente 27 vasos llenos de cerveza, con un peso total de 62 kg, una distancia de 40 m en el festival de cerveza de Gillemoos de 2014 en Abensberg, Alemania.

GOLES RÁPIDOS El jugador de futbol senegalés Sadio Mane anotó tres goles en 2 minutos y 56 segundos para Southampton en un partido de la Premier League inglesa contra Aston Villa el 16 de mayo de 2015. Tomando en cuenta los 30 segundos para reiniciar el juego después de cada uno de los dos primeros goles, eso significa que anotó tres veces en menos de dos minutos de juego real.

CANASTA DE PRESA En junio de 2015, Brett Stanford, que junto con Scott Gaunson, Kyle Nebel y Derek Herron es miembro del equipo de baloncesto australiano How Ridiculous, hizo una increíble canasta a una distancia de 126.5 m desde la parte superior de la presa Gordon en Tasmania. Unos meses antes, el grupo había dedicado su atención al golf para reclamar el primer hoyo en uno bajo el agua del mundo, cuando Stanford golpeó con éxito la pelota desde la playa hasta un cubo en el fondo del mar, a 2.5 m de profundidad.

VUELO EN GLOBOS Erik Roner, de Tahoe City, California, EE.UU., ató 90 globos inflados con 50 tanques de helio a una silla de jardín y se elevó a 2,438 m. Luego utilizó una escopeta para reventar los globos, y cuando comenzó a descender, abrió un paracaídas y llegó al suelo sano y salvo.

SALTO FANTÁSTICO El acróbata autodidacta Raymond Butler realizó un complejo salto doble hacia atrás y aterrizó dentro de unos pantalones. Después de un año de entrenamiento, realizó la hazaña en un gimnasio de Westwood, Massachusetts, EE.UU. Corrió, giró en el aire y aterrizó de pie en los pantalones que sujetaban dos amigos. Ya antes había hecho un salto sencillo en unos pantalones, alcanzando una altura de casi 2.1 m.

EXPERTO TARDÍO Mardelle Peck, de California, EE.UU., empezó en las competencias de motocicleta a los 65 años, y en dos años pasó de novata a experta.

SESIÓN DE SURF Ben Shaw surfeó sin parar durante 29 horas y 10 minutos en Kure Beach, Carolina del Norte, EE.UU., remontando más de 300 olas en ese tiempo. Entró en el agua a las 6:30 a.m. del 20 de agosto de 2014 y salió a las 11:40 a.m. del día siguiente.

MATEMÁTICO El jugador de la línea ofensiva de los Baltimore Ravens, John Urschel, tiene una maestría en matemáticas, y en 2015 publicó un artículo en el *Journal of Computational Mathematics*.

ENTRENAMIENTO CONTRA ZOMBIS

¿Se puede sobrevivir a un apocalipsis de zombis? En el Zombie Survival Camp, en lo profundo del bosque de Whiting, Nueva Jersey, EE.UU., instructores certificados enseñan desde cómo usar una ballesta y combate cuerpo a cuerpo hasta primeros auxilios y cómo hacer refugios.

Si bien lo hacen de forma entretenida con el tema de los "muertos vivientes", los entrenadores principales Mark y Sue Scelza crearon este campamento en 2008 no solo para enseñar a los campistas a protegerse de una invasión de zombis, sino para prepararlos para desastres naturales como terremotos y huracanes, así como accidentes y otras situaciones de emergencia.

En 2015, el motociclista australiano y célebre medallista de oro de los X Games, Robbie "Maddo" Maddison, se convirtió en la primera persona en surfear con éxito en una motocicleta, entre las olas de Teahupo'o y Papara en Tahití, una isla de la Polinesia Francesa en el Océano Pacífico. Su moto KTM250SX modificada estaba montada en esquís acuáticos diseñados a la medida que le permitieron a Maddison "patinar" sin hundirse (aunque por si las dudas, la moto tenía flotadores).

PAPÁ HÁBIL Mientras veía un juego de su equipo de beisbol contra los Dodgers de Los Ángeles el 23 de junio de 2015, el aficionado de los Cachorros de Chicago, Keith Hartley, atrapó una pelota con una mano mientras le daba el biberón a su hijo Isaac, de siete meses, con la otra.

MATRIMONIO DURADERO Karam y Kartari Chand, de Bradford, Inglaterra, tienen entre los dos 211 años, y celebraron su aniversario de bodas 90 en diciembre de 2015. Comparten el mismo cumpleaños, 23 de noviembre, pero Karam nació en 1905 y su esposa, en 1912. Se conocieron en Punjab, India, cuando eran adolescentes.

CARRERA DE SAUNAS En el maratón de saunas de Otepää, que se celebra cada febrero en Estonia, hasta 1,000 competidores se enfrentan al frío para visitar más de 20 saunas locales en el menor tiempo. Los participantes solo llevan trajes de baño y reciben puntos adicionales por saltar en pozas de hielo, y al final se dan un baño al aire libre en cerveza caliente.

Entre cobras

Mohammad Izani Ramli, de 24 años, de Malasia, vive con cobras reales mientras las entrena, e incluso se baña con ellas. Comenzó a estudiar el encantamiento de serpientes en 2011; captura serpientes venenosas salvajes para entrenarlas en su casa y las devuelve a la naturaleza después de unos meses. Se siente a gusto viviendo y trabajando con cobras reales, crótalos, serpientes de manglar y otras variedades venenosas, a pesar de haber sufrido una mordedura de una cobra monocelada en 2013.

SURF EN DOS RUEDAS

SALTO FAMILIAR Cuando Marie Kimmey, de Hyrum, Utah, EE.UU., saltó en paracaídas por primera vez a los 91 años a 3,658 m de altura, saltaron con ella 11 de sus familiares que abarcaban cuatro generaciones.

JOVEN GOLFISTA Para recaudar fondos para caridad, Ryan McGuire, de seis años, de Foxborough, Massachusetts, EE.UU., jugó 100 hoyos de golf en un solo día en un campo de par 3 en Norton.

PATROCINIO REAL La Reina Isabel II es aficionada a las carreras de caballos, y solo se ha perdido dos carreras del Derby de Epsom desde su coronación en 1953. Fue en 1984 y 2004, porque tuvo que asistir a las celebraciones del Día D de 1944 de la Segunda Guerra Mundial.

EN EL MAR El 16 de agosto de 2015, Brooklyn Douthwright, de 12 años, de Riverview, New Brunswick, Canadá, nadó 15 km por el estrecho de Northumberland, desde Cape Jourimain, New Brunswick, hasta Borden-Carleton, Prince Edward Island. Tardó unas cuatro horas en completar la difícil travesía.

53 MARATONES Amy Hughes, de Shropshire, Inglaterra, corrió 53 maratones británicos en 53 días en 2014. Comenzó en Chester el 6 de agosto y terminó en Manchester el 27 de septiembre, tras recorrer 2,222 km y gastar cinco pares de tenis.

NATACIÓN CENTENARIA En Matsuyama, Japón, Mieko Nagaoka, de 100 años, se convirtió en la primera centenaria del mundo en competir en los 1,500 metros de natación estilo libre el 4 de abril de 2015. Empezó a nadar a los 82 años, y nadó de dorso en la competencia.

PELEA DE ALMOHADAS 4,200 estudiantes de la Universidad de California en Irvine, EE.UU., organizaron una pelea masiva de almohadas en 2014.

EN TACONES Faith Dickey, conocida como "Slackline Girl", de Austin, Texas, caminó por la cuerda floja a decenas de metros de altura en Ostrov, República Checa, con tacones de 7.5 cm. Y por si fuera poco, los zapatos eran varias tallas más grandes, y estaba lloviendo.

CON UNA MANO El receptor de futbol americano, Odell Beckham Jr. de los New York Giants, atrapó con una mano 33 pases del mariscal de campo de los New Orleans Saints, Drew Brees, en un minuto, durante una transmisión especial de ESPN® para el Super Bowl XLIX en Glendale, Arizona, EE.UU. Cada pase fue de al menos 9 m.

VOLTERETA MONSTRUOSA El 13 de junio de 2015, en el estadio MetLife de Nueva Jersey, EE.UU., Tom Meents, 11 veces campeón del mundo de Monster Jam, hizo la primera voltereta hacia adelante exitosa en un camión monstruo. Meents, de Paxton, Illinois, aceleró a 6,200 rpm en el camión Max D de 4,767 kg y 1,500 caballos de fuerza para asegurarse de que el vehículo diera bien el giro de 360 grados. Una semana después, hizo un increíble salto doble hacia atrás en el mismo vehículo en el estadio Gillette de Foxborough, Massachusetts, al arremeter contra una enorme pared de tierra y rebotar hacia atrás por los aires en dos giros completos.

CONTORSIONES DEL ROSTRO

Cada año, en septiembre, estos competidores con collares de caballo prueban su habilidad de retorcer el rostro haciendo muecas, en el campeonato mundial de muecas (*Gurning*), en la Egremont Crab Fair en Inglaterra. La feria se celebró por primera vez en 1267, y se dice que el concurso de muecas se inició por las caras que hicieron las personas al probar las ácidas manzanas que se cultivaban en la zona.

El ganador de 2015, Gordon Blacklock, destronó a Tommy Mattinson, que había sido "rey de las muecas" 16 veces.

CICLISTA LOCO El 28 de marzo de 2015, el ciclista francés Eric Barone, conocido como "el barón rojo" por su traje rojo, descendió por una empinada cuesta de 42 grados cubierta de nieve en los Alpes a una velocidad de 223.3 km/h. Después de un accidente en Nicaragua en 2002, que lo dejó con dos hombros desgarrados, un fémur roto y seis costillas rotas, Barone no se subió a una bicicleta en ocho años.

MARATÓN DE MARATONES Rob Young, de Londres, Inglaterra, corrió 370 maratones en un año entre el 13 de abril de 2014 y el 13 de abril de 2015, a pesar de no haber corrido tres semanas y media por una lesión en la pierna. Su calendario incluyó 29 ultramaratones, lo que significa que recorrió 16,284 km a una altura combinada de 144,280 m, que es el equivalente de escalar el Monte Everest más de 16 veces. Casi todas las mañanas entre semana se levantaba a las 2:45 a.m. para correr un maratón antes de irse a trabajar.

TÚNEL DE FUEGO Los sudafricanos Enrico Schoeman y Andre de Kock lograron conducir motocicletas por un túnel de fuego de 120 m de largo. Las llamas ascendían 120 m en el aire, y el calor en el túnel alcanzó los 482 °C.

LÍNEA DE PASTA Estudiantes de la Universidad John Carroll, de Ohio, EE.UU., colocaron 2,178 tubos de pasta de dientes uno tras otro para crear una línea que recorría varias veces de un lado a otro el piso del gimnasio.

REBOTANDO Jerry Knox, de Los Ángeles, California, EE.UU., corrió el maratón de Londres de 2015 en 4 horas y 10.4 segundos, dribleando dos balones de baloncesto todo el tiempo.

MARATÓN DEL DESIERTO Dave Heeley, de 57 años, de West Midlands, Inglaterra, completó una carrera de seis días y 251 km en el desierto del Sahara, a pesar de que es ciego. El *Marathon des Sables* se describe como "la carrera a pie más implacable del planeta"; los competidores cargan provisiones en la espalda, y las temperaturas pueden alcanzar los 50 °C.

CARRERA VERTICAL El polaco Piotr Lobodzinski tardó solo 10 minutos y 1 segundo en subir los 82 pisos del edificio más alto de Beijing, el Hotel China World Summit Wing. Venció a otros 1,000 corredores en la carrera que comenzó en el vestíbulo y terminó 2,041 escalones más arriba, a una altura de 330 m, en la azotea.

COCHE COHETE Varios alumnos de Nottinghamshire, Inglaterra, construyeron un modelo de coche propulsado por cohetes que puede viajar a 858 km/h, el doble de la velocidad máxima de un coche deportivo real. El club de jóvenes ingenieros de la escuela Joseph Whitaker incluye cuatro chicas y 14 chicos de entre 11 y 17 años, y su logro fue tan impresionante, que recibieron un mensaje de felicitación de la NASA.

ASCENSO HISTÓRICO En enero de 2015, los alpinistas estadounidenses Tommy Caldwell y Kevin Jorgeson escalaron por primera vez de forma continua el famoso costado Dawn Wall de la formación rocosa El Capitán en el Parque Nacional de Yosemite, California, una distancia mayor que la del edificio más alto del mundo, el Burj Khalifa, en Dubái. Tardaron 19 días en escalar la lisa superficie de granito de 914 m de altura, considerada la más difícil de las 100 o más rutas hacia la cumbre. Descansaron, comieron e incluso durmieron sobre la pared, usando una "cornisa portátil" sujeta a la roca.

Reina Escorpión

Una mujer tailandesa, conocida como la Reina Escorpión, asombra a los turistas con su extraño desplante de valentía en el zoológico Tiger Zoo de Pattaya, Tailandia, ¡al cubrir su cuerpo con estas criaturas mortales! Camina por el lugar cubierta de escorpiones venenosos, mientras los visitantes, al menos los que se atreven a acercarse lo suficiente, se toman selfies con ella.

Ciclismo de montaña en lo alto

El ciclista y surfista profesional Tito Tomasi, de Niza, Francia, se enfrentó al viento y a temperaturas de -3 °C para descender por las montañas Aravis en su bicicleta de montaña en diciembre de 2015. Subió 800 m del pico Pointe de Merdassier y luego pedaleó a velocidades vertiginosas durante cuatro horas para descender de la montaña.

CAÍDA SUPERSÓNICA En octubre de 2014, Alan Eustace saltó de un globo a 41,148 m sobre Nuevo México, EE.UU., el salto más alto de la historia; cayó a 1,322 km/h, más rápido que la velocidad del sonido.

SUPERPATÍN Russell Smith, de Londres, Inglaterra, recorrió los 1,560 km entre Land's End, Cornualles, y John O'Groats, Escocia, en un patín del diablo no motorizado. Tardó 21 días en recorrer la Gran Bretaña de sur a norte, con un ascenso combinado de 14,329 m, avanzando 74 km al día en promedio.

COCHE EMPUJADO Los hombres fuertes macedonios Aleksandar Chekorov y Aleksandar Smilkov empujaron un coche Matiz de Daewoo 96 km en 24 horas, dando vueltas en un gimnasio cubierto en Skopje, a una velocidad promedio de 4 km/h.

PALO LARGO En el club campestre Rolling Hills de Arlington, Texas, EE.UU., el golfista profesional Michael Furrh usó un palo de madera de 6.25 m, cinco veces más largo que un palo normal, para golpear una pelota a una distancia de 57.6 m.

CUERNOS JALADOS Después de anotar un gol para el FC Cologne frente al Eintracht Frankfurt en la Bundesliga alemana en marzo de 2015, el jugador Anthony Ujah pidió disculpas a la mascota del Cologne, una cabra de verdad llamada Hennes VIII, porque le jaló los cuernos para celebrar.

MANTO DE ABEJAS Gao Bingguo, de la provincia de Shandong, China, que ha sido apicultor durante más de 35 años, se cubrió con aproximadamente 1.1 millones de abejas con un peso total de 109 kg. Lo picaron 2,000 veces durante el desafío.

GRUÑIDO DE FUERZA Según un estudio de la Universidad de Nebraska, EE.UU., los jugadores de tenis pueden golpear la pelota un cuatro por ciento más fuerte cuando gruñen.

CONTRATO LUCRATIVO En 2014, el bateador Giancarlo Stanton firmó un contrato de 13 años con los Marlins de Miami con valor de 325 mdd, lo que equivale a 25 mdd por temporada o 154,321 USD por juego.

À LA VAN GOGH El defensa de los New York Rangers de la NHL®, Kevin Klein, perdió parte de su oreja después de un golpe del palo de Zach Sill, de los Pittsburgh Penguins, el 8 de diciembre de 2014, pero le pegaron el pedazo con 13 puntos de sutura, y volvió al juego para anotar el punto decisivo.

La mente SOBRE el cuerpo

" El objetivo de presentar un acto es entretener, y no necesariamente hacer cosas extrañas. Uno entretiene haciendo cosas extrañas, pero en última instancia, el objetivo debe ser entretener al público".

Todo comenzó con un juego de magia de Fisher-Price® que recibió en su quinto cumpleaños. Dai Andrews, de 38 años, ha ido aumentado su repertorio del poder de la mente sobre el cuerpo más allá de trucos e ilusiones, con actos de escapismo, tragafuegos y, su favorito, tragaespadas. Sus actuaciones incluyen tragarse una hoja de sable curvada 120 grados, ¡e incluso una espada calentada con un soplete! Estas hazañas resultan aún más impresionantes, porque padece de un trastorno crónico degenerativo del nervio que hace que sus manos tiemblen de vez en cuando. Dai ha viajado a más de 40 países para estudiar yoga y demostraciones tradicionales del predominio de la mente sobre el cuerpo con *sadhus* y *faquires* de la India, así como artes marciales en China y Tailandia.

"He superado mis propios demonios y he aplicado las lecciones de maestros de todo el mundo a mi propia vida. Y, si tengo suerte, pasaré esas lecciones a mi público, mostrándoles que los únicos límites que tienen son los que ellos mismos se imponen".

>¡SIETE espadas!

RIPLEY PREGUNTA ?

Dai Andrews compartió lo que lo impulsa a superar sus actuaciones.

P ¿Fuiste a alguna parte en particular para aprender una habilidad específica?

R Mis viajes me han llevado a casi todas las islas del Caribe, América del Norte y del Sur, China, Japón, India, Camboya, Tailandia, Vietnam, Myanmar y casi todos los países de Europa... tantos lugares, en busca de maestros individuales con algo único que compartir.

P ¿Quién ha sido el maestro más interesante con el que hayas estudiado?

R La gente más interesante para mí fueron los sadhus en la India. Inventaron el yoga; muchos dicen que también inventaron el tragar espadas, comer fuego y otras artes.

P ¿Cuánto tiempo ha pasado entre tus viajes? ¿Fue una búsqueda continua o solo unos meses aquí y otros allá?

R Sigo buscando en el mundo cosas nuevas y sorprendentes para agregar a mis actuaciones. En poco más de una semana me voy a Honduras a estudiar buceo sin aparatos para dominar la capacidad de controlar la respiración y añadir una nueva dimensión a los actos bajo el agua.

P ¿Cuál es el acto más difícil? ¿Y el más fácil?

R De alguna manera, el escape de 30 metros de cuerda es a la vez el truco más difícil y el más fácil. Me parece increíblemente interesante, porque depende del desafío del público. Los dejo que me amarren como quieran y me escapo en menos tiempo del que tardan amarrándome. Esto puede ser sencillo o puede ser difícil. Todo depende del público.

P ¿Has sufrido lesiones? Si es así, ¿cuáles fueron?

R Un hematoma del esófago es algo que me ha pasado más de una vez, y no puedo comer alimentos sólidos durante varios días, pero me considero muy afortunado al haber evitado cualquier lesión más grave que esa.

MÚSCULO DE ALTURA

En 2015, en un agotador desafío de tres semanas, el levantador de pesas Andrew Rodichev, de 32 años, se convirtió en la primera persona en escalar el monte Elbrus de Rusia cargando una pesa gigante de 75 kg sobre los hombros. Con 6 km de altura, el pico del monte Elbrus es un reto incluso para los alpinistas más experimentados, así que cuando Rodichev llegó a salvo a la cima, ¡decidió dejar ahí la pesa como prueba de su sorprendente hazaña!

BOXEADOR BRILLANTE El boxeador estadounidense Floyd Mayweather Jr. se gastó 25,000 USD en un protector bucal hecho a la medida, incrustado con polvo de diamante, motas de oro y fragmentos de billetes reales de 100 dólares. También tiene su nombre estampado.

DOBLE LOGRO Los golfistas Tony y Janet Blundy, marido y mujer, hicieron hoyos en uno en tiros consecutivos en el mismo hoyo, batiendo la probabilidad de 26 millones a 1. Tony hizo el hoyo en uno en el hoyo 16 de par 3, de 130 m, en el campo de golf de Ledge Meadows en Grand Ledge, Michigan, EE.UU., el 24 de mayo de 2015, y Janet hizo lo propio desde el tee de mujeres.

GOLEADA Cuando el FC Infonet Tallinn derrotó al Virtsu Jalgpalliklubi 36-0 en un partido de la Copa de Estonia en 2015, fue el marcador más alto en una competencia profesional de futbol desde que el club escocés Arbroath aplastó a Bon Accord 36-0 en 1885, 130 años antes.

Niña de cuidado

La boxeadora prodigio de ocho años Evnika Saadvakass puede asestar 100 golpes en menos de dos minutos. Bajo el ojo atento de su padre y entrenador, el boxeador profesional Rustram Saadvakass, entrena cinco días a la semana desde que tenía tres años, junto con sus hermanos y hermanas, a menudo en un bosque cerca de su casa en Voronezh, Rusia. También puede lanzar 47 golpes en 30 segundos con una mano.

CARRERA MUNDIAL Kevin Carr, de Devon, Inglaterra, corrió alrededor del mundo en 621 días. Entre julio de 2013 y abril de 2015, corrió 26,080 km, el equivalente de un maratón al día durante casi dos años. Llevaba todo su equipo en una carreola que empujaba mientras corría; recorrió 26 países y desgastó 16 pares de zapatos, lo atacaron osos y manadas de perros salvajes y lo atropellaron dos veces.

TRABAJO ABRIGADOR En un episodio de diciembre de 2014 del *talk show* de televisión de Estados Unidos *Jimmy Kimmel Live!*, Guillermo Rodríguez usó 25 suéteres de Navidad al mismo tiempo.

VUELO EN ESQUÍ Remolcado por un barco, el esquiador acuático Freddy Krueger, de Winter Garden, Florida, EE.UU., tomó una rampa a 128 km/h y voló 95 m, casi la longitud de un campo de futbol, en un lago en Grand Rapids, Michigan, el 7 de agosto de 2015.

ESTADO INFÉRTIL De los más de 18,000 jugadores de los equipos de las Grandes Ligas de Beisbol de Estados Unidos desde 1851, solo 11 han nacido en Alaska.

CERDO VELOZ Desde 1925, la feria del condado de Tillamook, en Oregon, EE.UU., organiza carreras anuales *Cerdo vs Ford*, donde los competidores cargan un cerdo vivo de 9 kg, arrancan sus Ford Modelo T con una manivela y le dan tres vueltas a la pista manejando con el cerdo bajo el brazo. Los conductores tienen que detener sus coches al final de cada vuelta para recoger a un cerdo nuevo.

PELOTA EQUILIBRADA Juan Márquez Nieto caminó 57 días equilibrando una pelota de futbol sobre la cabeza. Salió de la costa sureste de México el 23 de noviembre de 2014 y recorrió 1,990 km hasta la Ciudad de México, un promedio de 35 km por día.

RUEDAS LEVANTADAS El *stuntman* canadiense Roger LeBlanc realizó un espectacular "caballito" de 1.2 km en una camioneta con las ruedas delanteras levantadas, en el Aeropuerto Internacional de Moncton, New Brunswick, Canadá.

GOLF DE BASURA Alfred Evans, cuyo apodo es "Tiger Hoods", construyó un campo de minigolf en Brooklyn, Nueva York, EE.UU., usando basura. Ubicado entre dos paradas de autobús de la autopista Brooklyn-Queens, el campo urbano incluye agujeros hechos de llantas de carreola y una lata vacía de Pringles®, y tiene obstáculos como pantallas de lámpara, conos de tráfico y volantes. Incluso puso una linterna para poder jugar de noche.

PELOTAS FIRMADAS Desde la primera temporada del equipo en 1998, más de 400 jugadores, directores técnicos y entrenadores han vestido uniformes de los Tampa Bay Rays, y cada uno de ellos ha firmado una pelota de beisbol para Jeff McKenney y su familia. La hija de Jeff, Jennifer, una vez manejó 14 horas de Florida a Durham, Carolina del Norte, EE.UU., con un huracán tras ella, para obtener los autógrafos de Jay Buente y Alex Torres.

BOLA DE PAPEL En la feria estatal de 2014 de Minnesota, EE.UU., la agencia de control de la contaminación de ese estado exhibió una bola gigante de papel que medía 2.9 m de altura y 9.8 m de circunferencia, con un peso de 193 kg. La bola, construida alrededor de un marco de cartón y sostenida con una red de papel, se creó para mostrar la cantidad de papel reciclable que los residentes del estado tiran cada 30 segundos. La agencia recicló la bola, convirtiéndola en cartón para cajas de cereal.

TIROS A CIEGAS Los cuatro miembros de un equipo de dardos de pub de Cornualles, Inglaterra, son ciegos. Richard Pryor, Rachael Beresford, Carol Pirret y Sharon Waters se llaman a sí mismos "Los optimistas"; saben dónde está el tablero con la ayuda de una cuerda unida a la diana. Sostienen la cuerda con una mano y tiran con la otra.

RELOJ CLIMÁTICO Richard G. Hendrickson, granjero de Bridgehampton, Nueva York, EE.UU., fue observador voluntario del Servicio Meteorológico Nacional de Estados Unidos por más de 85 años, y registró más de 150,000 observaciones. Hizo la primera en 1930, ¡y presentó dos informes diarios hasta su muerte a los 103 años en 2016!

Viene el coco

¡Viva el rey Buko! En Bohol, Filipinas, Felipe Tacogdoy se convirtió en una sensación de Internet con un video de él pelando las cáscaras de cinco cocos en dos minutos, ¡solo con los dientes! Conocido como el rey Buko ("buko" es coco en tagalog), Tacogdoy afirma ser el pelador de cocos más rápido del mundo, y da cuenta de decenas de cocos al día en cuestión de segundos. Primero golpea el coco contra su boca hasta que se quiebra, y luego utiliza los dientes para arrancar enormes trozos de la cáscara para convertirlo en una fruta pequeña, lista para comerse, con solo un par de mordidas.

SORPRESA SUMO

En enero de 2016, el luchador de sumo Kotoshogiku, de 163 kg, ganó el Gran Torneo de Sumo de Año Nuevo y se convirtió en el primer luchador nacido en Japón en ganar un campeonato en 10 años. Aunque el sumo se ha considerado durante mucho tiempo el deporte nacional de Japón, lo habían dominado atletas mongoles durante la década anterior, así como uno búlgaro y otro estonio.

Ripley Investiga

En 1891, **Nikola Tesla** desarrolló la bobina de Tesla, que es de hecho dos bobinas, una dentro de la otra. **Cuando una corriente alterna se acumula en la bobina más pequeña, crea un campo magnético que induce una corriente en la más grande.** Las primeras antenas de radio y telegrafía usaron esta invención, pero también se pueden hacer cosas alucinantes con variaciones de la bobina, como disparar rayos.

Todos soñamos con superpoderes, ¡pero estos artistas aprovechan el poder de la ciencia para luchar contra los rayos! El creador de *Lords of Lightning* Carlos Van Camp de Nueva Zelanda y su grupo se ponen trajes de cota de malla y se paran sobre bobinas de Tesla especialmente construidas. Los 20,000-25,000 watts de electricidad que generan pasan por el metal de los trajes, lo que les permite "arrojarse" entre sí unos tres millones de volts de chispas eléctricas en un asombroso espectáculo de duelos mágicos.

LORDS OF LIGHTNING

>**¡El deporte más nuevo de Rusia!**

Duelos medievales

Parte lucha libre, parte artes marciales mixtas y parte *Juego de Tronos*, el deporte más reciente de Rusia, M-1 Medieval, es tan épico como suena: dos contendientes de artes marciales mixtas con cota de malla y armadura se enfrentan en un duelo con relucientes espadas desafiladas y coloridos escudos. A diferencia de los espectáculos habituales de las ferias medievales, cada pelea de M-1 se estructura de forma similar al boxeo profesional, tres rounds de tres minutos con cinco jueces. M-1 introdujo divisiones de peso y títulos de campeonato en 2016, para darle un aspecto más organizado a este deporte en armadura.

¡Danza del dragón

El año nuevo chino se celebra con una danza tradicional del dragón, pero el 16 de febrero de 2015, unos buceadores en el Acuario de Beijing en China realizaron una danza especial ¡en el tanque de los tiburones! Los tiburones y las rayas parecían unirse al baile mientras los buceadores se movían al compás del éxito del cantante coreano Psy "Gangnam Style", en un colorido despliegue submarino.

CON TIBURONES!

SEIS MONARCAS Durante sus 114 años de vida, Ethel Lang, de Barnsley, Inglaterra, vió los reinados de seis monarcas británicos: la reina Victoria, el rey Eduardo VII, el rey Jorge V, el rey Eduardo VIII, el rey Jorge VI y la actual reina, Isabel II. Ethel murió en enero de 2015 y fue la última persona en el Reino Unido que nació en la época de la reina Victoria.

CUERO Se necesitan unas 3,000 vacas para abastecer a la National Football League® de Estados Unidos de suficiente cuero para fabricar los balones de un año.

VENGA ESA MANO Mientras descendía junto a una montaña en Chamonix, Francia, a unos 96 km/h, el volador de traje aéreo australiano Nathan Jones se mantuvo tan cerca de las rocas, que pudo chocar una mano de cartón sostenida en un palo.

RUTA CON VISTA El ciclista polaco Michal Kollbek recorrió horizontalmente en su bicicleta un acantilado casi vertical a decenas de metros de altura, sabiendo que un resbalón resultaría en una muerte casi segura. La traicionera ruta White Line en Sedona, Arizona, EE.UU., es una delgada línea de arenisca a lo largo de la cara del acantilado rojo, con apenas espacio para una rueda. Antes de su hazaña, ajustó la suspensión y le sacó el aire a las llantas para lograr un mejor agarre.

BUENA CONDICIÓN Después de dos años de entrenamiento, John Bocek, de 34 años, completó 5,801 dominadas en 24 horas en Arlington, Virginia, EE.UU., del 30 al 31 de mayo de 2015, con un promedio de 240 por hora. Irónicamente, admitió que en la secundaria apenas podía hacer una.

BAGRE COLOSAL Con solo una caña y un carrete, el pescador italiano Dino Ferrari atrapó un gigantesco bagre de 127 kg y 2.8 m de largo en el delta del río Po en 2015. Tardó 40 minutos en sacar al pez, que era tan grande que hubiera podido tragarse al pescador. Luego lo midió y lo liberó. Los bagres a veces atacan a los humanos. Uno de ellos arrastró a un pescador húngaro bajo el agua en 2006, y el hombre apenas escapó con vida.

SALTO EN CASCADA Laso Schaller, de Brasil, saltó desde lo alto de la Cascata del Salto, en Suiza, hacia una pequeña poza. Tardó cuatro segundos en recorrer los 58.8 m. Fue más alto que si hubiera saltado de arriba de la Torre Inclinada de Pisa.

NIÑO CALENDARIO En apenas 30 segundos, Aryan Parab, de ocho años, de Mumbai, India, puede calcular el día de la semana en que cae cualquier fecha, hasta 2068. También puede recordar el cumpleaños de cada persona que ha conocido, como compañeros de clase y vecinos.

BOLOS CAÍDOS Adam Barta, de Girard, Ohio, EE.UU., derribó 2,708 pinos en una hora durante el Torneo Clásico Memorial Reed-Hawthorne de la Asociación Nacional de Boliche el 15 de febrero de 2015.

TIBURÓN A LA VISTA Usando un esnórquel y contra la corriente oceánica, Kevin Hays, de Renton, Washington, EE.UU., resolvió un cubo de Rubik® en solo 15 segundos mientras estaba sumergido en una jaula en aguas infestadas por tiburones, cerca de Hawái.

PILOTO BEBÉ El holandés Max Verstappen piloteó en la temporada 2015 de Fórmula 1® cuando tenía 17 años, edad a la que no podía conducir solo por las calles de su país.

RITUAL DE PITCHER Antes de una práctica, el pitcher de los Washington Nationals, Max Scherzer, hace que su entrenador le tararee el himno de Estados Unidos, para meterse de lleno en el ambiente del juego.

ESQUIADORA VELOZ La esquiadora italiana Simone Origone bajó por una empinada ladera en la estación alpina francesa de Vars, sin ayuda alguna, a más de 252 km/h, casi el doble de la velocidad promedio en un evento olímpico de descenso.

SALTO PRENDIDO El temerario Alexander Chernikov, de Novoaltaysk, Rusia, se empapó de gasolina, prendió fuego a sus pantalones y saltó del techo de un edificio de 30 m de altura, hacia una pila de nieve. Aunque sufrió quemaduras, sobrevivió, porque la nieve apagó las llamas.

REINA DEL LIMBO En 2015, Shemika Charles, de 22 años, de Buffalo, Nueva York, EE.UU., se convirtió en la primera persona en el mundo en bailar el limbo bajo un automóvil, con solo 22.5 cm de espacio. Tras entrenar seis horas al día, ahora puede bailar el limbo haciendo girar platos en ambas manos y en la boca, y también puede hacerlo con los ojos vendados y las manos llenas. Su madre, Sherrie, fue bailarina de limbo durante 16 años.

GRAN PATINADORA

Desde hace más de cuatro años, Wu Xiuying, de 70 años, de Jilin, China, patina cerca del río Songhua equilibrando jícaras y peceras en la cabeza al mismo tiempo. Esta patinadora juguetona y pequeña mide 1.49 m y puede equilibrar fácilmente hasta cinco jícaras o peceras redondas en su cabeza mientras patina.

Aunque no puede usar las piernas, Michael Mills, de Covington, Georgia, EE.UU., es un atleta increíble. En su última hazaña, Mills, que usa silla de ruedas, tiró 100 m de una camioneta de 1,814 kg el 18 de abril de 2015.

A los 16 años, Mills fue declarado muerto durante 28 minutos después de que un conductor ebrio chocó con él de frente. Un último intento de revivirlo funcionó milagrosamente, pero le dijeron que nunca volvería a caminar. Tras superar esa desalentadora noticia, Mills practica ahora deportes para personas sin discapacidades, y es la primera persona paralizada que completó una Spartan Race en 2013. Es la única persona paralizada que ha escalado la montaña Stone Mountain de 251 m de altura en Georgia, ¡e incluso llegó a lo alto de los famosos escalones de Rocky en Filadelfia!

TIRONES EN SILLA DE RUEDAS

Ripley PREGUNTA

Michael nos contó acerca de su increíble hazaña.

P ¿Cómo te preparaste para esta increíble hazaña?

R Empecé a entrenar el día después de Navidad, el 26 de diciembre de 2014. Comencé con un automóvil mucho más pequeño y una cuerda mucho más corta. Aumenté el peso cada semana poniendo a una persona o dos más en el coche. Entonces, a medida que el peso aumentaba, amplié la distancia. También hice muchos ejercicios de fuerza en el gimnasio tres días a la semana.

P ¿Se usó una silla de ruedas especial?

R ¡No se necesitó una silla especial! La que estoy usando hoy es la que usé para lograr este récord.

P ¿Qué te inspiró a superar este desafío?

R Me dijeron que no era posible. Me gustan los retos, y me encanta cuando alguien no cree que puedo hacer algo. Me gusta mostrarle a la gente que todo es posible. Eso es todo lo que necesito para motivarme.

Volteretas de altura

HOYO DIFÍCIL Cada año, se golpean 125,000 pelotas de golf hacia el agua en el infame hoyo 17 del campo de golf Stadium en Sawgrass, Ponte Vedra Beach, Florida, EE.UU.

VETERANO DE HOCKEY El defensa holandés Jan Loos jugó en un partido de hockey de competencia a los 85 años con su equipo de la liga Huff N Puff en London, Ontario, Canadá, el 19 de diciembre de 2014. Jugaba tres juegos de 80 minutos cada semana en una liga donde Peter Schussler se retiró del arbitraje a los 90 años.

MARCHA EQUILIBRADA Naib Subedar Azad Singh, un soldado de Goa, India, caminó 45.6 km en ocho horas equilibrando un balón de futbol en la cabeza. También ha recorrido 103 km en bicicleta con una botella de agua sobre la cabeza.

MURO DE HIELO En enero de 2015, el alpinista canadiense Will Gadd se convirtió en la primera persona en escalar una parte congelada de las Cataratas del Niágara. Subió la pared de hielo de 45 m de altura a pocos metros de la catarata Horseshoe, donde 136,000 toneladas de agua pasaban a su lado cada minuto a velocidades de hasta 112 km/h.

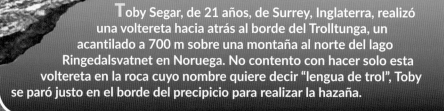

Toby Segar, de 21 años, de Surrey, Inglaterra, realizó una voltereta hacia atrás al borde del Trolltunga, un acantilado a 700 m sobre una montaña al norte del lago Ringedalsvatnet en Noruega. No contento con hacer solo esta voltereta en la roca cuyo nombre quiere decir "lengua de trol", Toby se paró justo en el borde del precipicio para realizar la hazaña.

GIROS Y GIROS El 19 de enero de 2015, la patinadora de hielo de 11 años Olivia Rybicka Oliver, de Halifax, Nueva Escocia, Canadá, hizo 342 giros en un minuto en el Estadio Nacional de Varsovia, en Polonia, casi seis vueltas por segundo.

SPRINT EUROPEO Gunnar Garfors, Tay-young Pak y Øystein Djupvik, tres amigos de Noruega, visitaron 19 países en 24 horas en 2014. Salieron de Grecia a la medianoche del 22 de septiembre y viajaron en coche de alquiler y vuelos comerciales; pasaron por Bulgaria, Macedonia, Kosovo, Serbia, Croacia, Bosnia, Eslovenia, Austria, Hungría, Eslovaquia, la República Checa, Alemania, Países Bajos, Bélgica, Luxemburgo, Francia, Suiza y, por último, Liechtenstein.

CANASTA HACIA ATRÁS El 12 de noviembre de 2014 en Phoenix, Arizona, EE.UU., la estrella de los Harlem Globetrotters Corey "Thunder" Law encestó a 25 m, de espaldas a la canasta y lanzando la pelota sobre su cabeza.

PROFESOR CON ANTIGÜEDAD El profesor Joseph Crea seguía enseñando en la Facultad de Derecho de Brooklyn, Nueva York, EE.UU., a los 99 años. Empezó como estudiante en 1944, y luego pasó ocho décadas como docente, de 1948 a 2014.

5,000 VUELTAS El 24 de mayo de 2015, Vic Kleman, de 82 años, de Pittsburgh, Pensilvania, EE.UU., celebró sus 5,000 vueltas en la montaña rusa Jack Rabbit en el parque de diversiones Kennywood con 95 vueltas seguidas, un total de ocho horas, en el histórico juego de madera. Es usuario regular de la montaña rusa, que se inauguró en 1920 y es la quinta más antigua del mundo, desde 1959.

DICCIONARIO VIVO Li Yanzhi, profesora universitaria de la provincia de Shaanxi, China, puede recitar cada una de las 220,000 entradas de un diccionario inglés-chino. Ha estado leyendo el diccionario de 2,458 páginas de manera regular desde agosto de 2013, seis horas al día, a partir de las 3 a.m. Tardó solo 19 días en memorizar una primera parte, y repitió la hazaña 28 ocasiones más para memorizarlo todo, con ayuda de 465 revistas en inglés de la biblioteca de la universidad.

MIL JUEGOS Carl Marston, reportero de futbol del Reino Unido del periódico *East Anglian Daily Times*, ha cubierto más de 1,000 partidos del equipo Colchester United. El primer juego que cubrió, el 21 de noviembre de 1992, fue contra Rochdale, y el juego número 1000, el 7 de marzo de 2015, fue también contra Rochdale.

ARRASTRE HEROICO La atleta keniana Hyvon Ngetich iba al frente de la carrera de mujeres en el Maratón de Austin de 2015 en Texas, EE.UU., cuando se desplomó a poco más de 400 metros de la meta, pero en vez de abandonar la carrera, se arrastró hasta la meta y llegó en tercer lugar.

LEÑA POR DOQUIER En una competencia de 2015 en Florencia, Italia, el leñador australiano Brad Delosa cortó cuatro troncos a la mitad en 58 segundos, usando una combinación de hacha y sierra en cuatro eventos: sierra eléctrica, sierra de arco, hacha en tronco vertical y hacha en tronco horizontal.

COCO CORTADO Balashankar Budati, de Chirala Mandal, India, puede usar un machete para cortar un coco equilibrado en la garganta de su esposa Bhramharamba, sin herirla.

CARTERO ATAREADO Josh Johns, de ocho años, de Manchester, Inglaterra, ha recibido más de 4,000 postales de personas que no conoce de lugares tan lejanos como Japón y la Antártida.

8 Arte

Retratos en pétalos de rosa

El artista mexicano Ricardo Amezcua crea retratos sorprendentemente fieles de mujeres famosas, y lo más notable es que están pintados a mano en lienzos cubiertos de pétalos de rosa. Después de aplicar con cuidado los pétalos en una capa uniforme, el artista pinta delicadamente cada retrato sobre ellos, creando un efecto de *découpage*. El retrato de Miley Cyrus que se muestra aquí mide 51 cm x 51 cm, el lienzo de Rihanna mide 51 cm x 41 cm y el de Amy Winehouse es de 46 cm x 36 cm. Forman parte de una serie de 16 de retratos del artista en la colección de Ripley, que también incluye imágenes de Marilyn Monroe, Jennifer Aniston y Teresa de Calcuta.

HORA de PASEAR

Con esta moto no se puede perder la noción del tiempo. Este intrincado modelo de motocicleta está hecho con no menos de 112 relojes y 14 correas, ¡y el faro está hecho con un despertador que funciona! Esta adición a la colección de Ripley fue creada por los artistas Luz Marina Escobar y Luis Alfonso Blanco, de Orlando, Florida, EE.UU. Blanco es campeón de carreras de motos en su natal Colombia, y eso le ayudó a reproducir los detalles exactos.

RETRATOS CON TORNILLOS El artista de Marlboro, Nueva Jersey, EE.UU., Marc Schneider crea retratos increíblemente detallados usando miles de tornillos grises ordinarios, que parecen fotografías en blanco y negro. Después de manipular los pixeles de una foto para crear una plantilla de escalas de grises, organiza minuciosamente los tornillos en una tabla de triplay para replicar la imagen, prestando especial atención a los ojos y la boca. Para su retrato de Jimi Hendrix usó 4,270 tornillos.

TOQUE CLÁSICO El Museo del Prado de Madrid, en España, ha creado réplicas en 3D de pinturas clásicas de artistas como Leonardo da Vinci, Francisco Goya y Diego Velázquez para que los visitantes ciegos puedan "verlas" con el tacto. Los visitantes que no son ciegos también pueden disfrutar de la experiencia con un par de lentes opacos.

COLLAR DE COSTILLA Conocido por actuaciones que desafían el umbral del dolor, por lo general sin usar anestesia, el artista extremo chino He Yunchang se sometió a una operación para retirarle una costilla que quería usar como collar. También ha pintado las uñas de las manos y pies de 10 maniquíes con su propia sangre, ha quemado su ropa llevándola puesta y se ha encerrado en un cubo de concreto de fraguado rápido durante 24 horas.

ARTE DE MASCOTA La artista rusa Svetlana Petrova incluye a su gato de color rojizo, Zaratustra, en cada pintura que hace. Ha puesto a su mascota en obras clásicas de Sandro Botticelli, Salvador Dalí y Francisco de Goya, y también lo incorporó a su versión de la *Mona Lisa*, de Leonardo da Vinci, cuya enigmática sonrisa se explica por la presencia del gato en su regazo.

ARTISTA DE ALTURA Heiner Börger, de Frankfurt, Alemania, ha creado más de 120 enormes pinturas abstractas usando un helicóptero en lugar de un pincel. Crea sus obras de arte únicas al volar su helicóptero peligrosamente cerca del suelo, sobre lienzos que ha rociado antes con pintura. Dispersa los colores con la corriente de la hélice y utiliza los patines de aterrizaje para dejar impresiones en la pintura.

TORTUGA DE NIEVE Cada invierno, los hermanos Austin, Trevor y Connor Bartz, de New Brighton, Minnesota, EE.UU., sacan nieve de los jardines de sus vecinos para construir esculturas gigantes de criaturas marinas. En 2015, pasaron 300 horas haciendo una impresionante tortuga de nieve que medía 11.3 m de largo, 9.5 m de ancho y 3.6 m de altura. En años anteriores, hicieron un pez globo, una morsa y un tiburón de 5 m de largo, todos de nieve.

GANGA Jesse Ronnebaum, de Batesville, Indiana, EE.UU., regateó en una venta de patio para comprar una pintura de siete hombres que jugaban al pool en 50 centavos de dólar, en vez del precio de un dólar en la etiqueta. Diez años más tarde en 2015, descubrió que la pintura era una obra de 1910 de la Academia de Bellas Artes Palette & Chisel de Chicago, con un valor de 10,000 USD.

PAVO REAL DE POPOTES

El artista Nathanael Cantin, de Quebec, Canadá, usó más de 15,000 popotes de neón para crear esta estatua única de un pavo real. El ave de brillantes colores mide 1.7 m de alto y 1.32 m de largo, ¡y brilla en la oscuridad!

MODELO DE BATALLA En 1975, cuando tenía 16 años, Willy Smout empezó a hacer un modelo a escala de la batalla de Waterloo, donde Napoleón Bonaparte fue derrotado por el ejército británico en 1815. Por fin lo completó 40 años después; tardó tres veces más que la duración de las Guerras Napoleónicas. La escena de batalla en miniatura cubre 40 m² del sótano de su casa en Schaffen, Bélgica, e incluye 3,000 soldados pintados a mano; gastó 170,000 USD para hacer los modelos y en investigación.

ARTE EN PATINES Tian Haisu, estudiante del Colegio de Arte de California, EE.UU., pinta con patines. Sujeta un frasco de pintura negra a las ruedas de unos patines modificados y luego patina haciendo patrones sobre un gran lienzo blanco para crear diseños que se asemejan a la caligrafía china. Le llama "landskating" a su forma de arte, y algunas de sus pinturas miden hasta 12 m x 6 m.

RETRATOS CON EMOJIS El rapero y artista Yung Jake, de California, EE.UU., ha realizado retratos fieles de Kim Kardashian, Miley Cyrus y Wiz Khalifa con imágenes de emojis. Con un mouse y una pantalla en blanco, puede dar forma a rasgos faciales detallados de personas famosas con cientos de pictogramas de mensajes texto.

MASCOTAS MINIATURA Como recuerdo para sus dueños, Lucy Francis Maloney, de Welch, Minnesota, EE.UU., hace modelos realistas en miniatura de perros fallecidos usando alambre de malla y pelo de animal real. Trabaja con fotos de las mascotas para recrearlas con gran minuciosidad, usando ojos de cristal y piel de cabra, perro, camello o alpaca.

VARITAS DE INCIENSO El artista coreano Jihyun Park usa varitas de incienso para quemar miles de pequeños agujeros en hojas de papel de arroz para crear intrincados paisajes de nubes, árboles y montañas.

ESPOSA MODELO Como homenaje a su difunta esposa Tajamulli, con quien estuvo casado 53 años, Faizul Hasan Quadri, de 80 años, tardó más de tres años en construir un enorme modelo de 8.2 m de altura del Taj Mahal, con un costo de 175,000 USD, en su aldea de Kaser Kalan, Uttar Pradesh, India.

ILUSIÓN ÓPTICA Natalie Fletcher, de Bend, Oregon, EE.UU., pinta cuerpos humanos con audaces patrones de remolinos para que parezca que partes del torso están retorcidas o cubiertas de grandes agujeros. Pinta sus lienzos humanos con colores de base brillantes antes de agregar líneas de contorno negras para crear las ilusiones ópticas.

EL CRIMEN PAGA El ex ladrón Nigel Milsom ganó el prestigioso Premio Archibald de Australia de 77,000 USD en 2015 por su retrato en blanco y negro de Charles Waterstreet, el exuberante abogado que lo representó. Milsom fue encarcelado por dos años y cuatro meses por robo a mano armada, pero se hizo amigo de Waterstreet, que inspiró el programa de televisión australiano de abogados *Rake*.

CHISPAS URBANAS

El 27 de agosto de 2015, los pasajeros, turistas y residentes de Londres pudieron disfrutar de un caleidoscopio interactivo de "selva urbana", con un remolino de imágenes, figuras y colores. El alucinante túnel fue instalado por la empresa de equipaje Kipling® como un evento de un día, parte del movimiento global *Spark Your City*, dedicado a alegrar la vida cotidiana de las ciudades.

MANOS HUECAS Usando solo un lápiz de cejas y sombra de ojos, el maquillista italiano Luca Luce crea ilusiones ópticas en 3D increíblemente realistas de agujeros en la mano. En una de sus obras, parece que le falta una pieza de rompecabezas a su palma, mientras que en otra, parece que un pincel está atravesado en un agujero en el centro de la mano.

MINICERÁMICA El artista de la cerámica Jon Almeda, de Tacoma, Washington, EE.UU., hace pequeñas piezas de alfarería como teteras, jarrones, tazas y tazones que miden solo 2.5 cm de largo, tan pequeños que caben sobre una moneda. Usa un torno de alfarero pequeño especial para crear a mano sus obras maestras perfectamente detalladas que, aunque parecen frágiles, son sólidas y pueden soportar el vidriado normal y las altas temperaturas.

En busca de la PERFECCIÓN

Para perfeccionar sus habilidades, el artista chino Qin Kun, que practica el arte del origami desde 2003, pasó un año en una escuela de cría de animales en Nanning para estudiar los huesos, músculos y pelo de los animales que modela. Todas sus fascinantes obras están intrincadamente plegadas de una sola pieza de papel cuadrado, sin pegamento ni tijeras. Su trabajo más costoso es la mantis religiosa de origami en el recuadro, con un precio de 33,069 USD.

Dismaland

Del 22 de agosto al 27 de septiembre de 2015, visitantes de todo el mundo asistieron a la exposición de arte/parque de diversiones distópico *Dismaland*, del artista *underground* Banksy, en Weston-super-Mare, Somerset, Inglaterra. El proyecto se mantuvo en secreto hasta su inauguración; a los habitantes del lugar se les dijo que un equipo de Hollywood estaba filmando una película. Al final de la exposición, las estructuras y materiales se reciclaron para usarse en un campamento de refugiados en Francia.

ARTE EN HUEVO

Para celebrar el aniversario 70 del fin de la Segunda Guerra Mundial, el granjero de 63 años Li Aimin talló a mano los retratos de 254 ex líderes chinos y del líder de la Unión Soviética José Stalin, el presidente de Estados Unidos Franklin D. Roosevelt, el primer ministro británico Winston Churchill e imágenes de la celebración del aniversario, todo en cascarones de huevo. El minucioso proceso tardó ocho meses, y usó 300 huevos en total.

ESTATUA PEGAJOSA El artista canadiense Douglas Coupland invitó a la gente a pegar miles de pedazos de chicles de colores usados en una estatua de fibra de vidrio de su propia cabeza, de 2.7 m de alto, en Vancouver, Columbia Británica, Canadá. La estatua, conocida como *cabeza de chicle*, comenzó a derretirse con el calor del verano y atrajo a nubes de abejas y avispas.

ARTE CHAMUSCADO Mediante un proceso llamado pirografía, el artista Jordan Mang-osan decora placas de madera con quemaduras del sol. Esboza un diseño sobre un bloque de madera y luego usa una lupa para enfocar los rayos del sol y grabar así líneas oscuras permanentes en la madera. Cada intrincada obra del artista filipino puede tardar varios meses en completarse.

IMAGEN FRANQUEADA Más de 3,000 voluntarios en Málaga, España, crearon un enorme mosaico usando 230,000 timbres de correo. Tardaron 22 horas en formar el mosaico, que representa la Ñ mayúscula, que se considera un símbolo de España y sus antiguas colonias. Pegaron los timbres a una superficie de papel que cubría un área de 220.3 m^2.

MÚSICOS DE CEREAL La ilustradora y fotógrafa Sarah Rosado, de Nueva York, EE.UU., utiliza hojuelas de maíz para crear retratos de músicos famosos como Michael Jackson, Bob Marley, Alicia Keys, John Lennon y el guitarrista Slash, de Guns N' Roses. Rosado dibuja primero la imagen y luego aplasta el cereal sobre el dibujo y usa un alfiler para poner cada pedazo de hojuela en su posición.

MURALES INVISIBLES El artista Peregrine Church, de Seattle, Washington, EE.UU., crea obras de arte callejero que son invisibles hasta que les cae agua. Mediante plantillas y un revestimiento superhidrofóbico impermeable, ha pintado con spray más de 20 "obras de lluvia" en paredes y banquetas de la ciudad. La parte del concreto que rocía permanece seca y de color claro cuando llueve, pero todo lo demás se oscurece al mojarse, y el contraste crea la imagen. Cuando quiere que aparezca su imagen oculta, simplemente le echa agua. Sus piezas pueden durar hasta 12 meses, dependiendo de lo transitada que sea la banqueta. Lo hace para darle a la gente un regalo en los 155 días que llueve en promedio al año en Seattle.

PAREJA ANIMADA Para el día de San Valentín de 2015, Brian Flynn, de la ciudad de Nueva York, EE.UU., encargó al artista Dylan Bonner que los dibujara a él y a su novia Manini Gupta como las parejas de la Sirenita y el Príncipe Eric, Aladdin y la Princesa Jasmine y Mulán y Shang de Disney®.

PUNTAS DE LÁPIZ En su tiempo libre, el joyero Tom Lynall, de Birmingham, Inglaterra, talla pequeñas esculturas en las puntas de los lápices. Utiliza una hoja de bisturí para cortar el grafito y varios alfileres con la punta modificada para tareas especiales. Tarda hasta 25 horas en completar cada pieza.

GRANDES
BOTAS DE BRONCE

Estos zapatos de una tonelada fueron creados por el fan del calzado Zheng Changgan de la ciudad de Fuzhou, en el sureste de China. Se gastó casi 29,000 USD para crear un par gigante de sus zapatos ideales en bronce. Cada zapato mide 2.3 m de largo, más de 80 cm de ancho y más de 1.2 m de altura. Zheng Changgan se enamoró de los zapatos de bronce en 1986, cuando hizo más de 30 pares para regalar.

Arte de coches

ichard Schaefer es un "artista de deshuesadero" que ha convertido su patio en Erie, Pensilvania, EE.UU., en una atracción de arte. Lo que comenzó con la mitad de un Lincoln Continental 1971 atorado en el suelo se transformó en 25 años de increíble arte hecho de partes de coches, desde manijas hasta escapes. Schaefer ha hecho casi 20 esculturas diferentes con coches, incluida una araña, un dinosaurio de dos cabezas ¡y un cohete para la celebración del milenio en 2000!

RIPLEY—— PREGUNTA ?

Ripley le preguntó a Richard acerca de la inspiración para su trabajo.

P ¿Por qué arte con coches?

R *Aprendí las técnicas básicas automotrices, de soldadura y de fabricación de mi padre. Luego, cuando me fui a trabajar al deshuesadero de mi hermano, tuve acceso a una gran variedad de coches y partes. Noté formas o rasgos faciales en los fragmentos de desecho, y eso me inspiró.*

P ¿Cuál fue la primera pieza que hiciste?

R *La araña. Se me ocurrió la idea poco antes del verano, y tardé cinco meses en completarla, a tiempo para Halloween. Está hecha de la carrocería de un Volkswagen sedán, tubos de acero para las patas, brazos de suspensión delantera para los colmillos y un marco de metal como base.*

P ¿Qué te impulsa a continuar?

R *La sorpresa y el deleite en las caras de la gente que se detiene a ver. Nunca cobro por mostrar las piezas, es sin fines de lucro, solo para sonreír, pero si tuviera un dólar por cada sonrisa, sería millonario.*

ESCULTURAS DE NIEBLA La artista japonesa Fujiko Nakaya ha instalado esculturas de niebla en todo el mundo durante más de 40 años, creando niebla que se cierne sobre campos y bosques, que envuelve puentes y edificios. Para su escultura de 2014 en la Glass House de New Canaan, Connecticut, EE.UU., la artista de 82 años pasó casi un año probando patrones de viento para poder finalizar la posición exacta de sus 800 boquillas generadoras de niebla. Unas poderosas bombas echaban agua a alta presión por las boquillas, para cubrir temporalmente el famoso edificio en niebla.

MOSAICO DULCE Más de 200 personas crearon un mosaico de 146 m² con el logotipo del fabricante de dulces Arcor, con más de 300,000 dulces, en Buenos Aires, Argentina.

FUEGO CONGELADO Brendan Schaffer, de Stillwater, Nueva Jersey, EE.UU., construyó una hoguera gigante y un malvavisco, usando solo nieve. Tardó cuatro horas en "pintar" con aerosol la nieve usando colorante de alimentos mezclado con agua, para crear los troncos y el fuego.

ARTE MUTANTE El artista Jonathan Payne, de Los Ángeles, California, EE.UU., hace esculturas de partes del cuerpo grotescas con arcilla plástica, acrílicos y pelo. Su serie "Fleshlettes" fusiona modelos realistas de ojos, dedos de manos y pies, dientes, lenguas, verrugas y más en horribles mutaciones, e incluye una desagradable lengua con dientes en lugar de papilas.

CUBIERTO DE MIEL Para su serie "Preservación", Blake Little, fotógrafo de Los Ángeles, EE.UU., tomó fotos de modelos, incluyendo un bebé, una mujer de 85 años y un perro, todos cubiertos de miel. Los modelos posaron aproximadamente una hora en miel pegajosa, que le enviaron en envases de 2.3 kg. Cada semana, usaba 454 kg de miel, que se recogía para reusarse después de que se caía de los modelos. Como los modelos mantenían los ojos cerrados, las fotos muestran sus diferentes reacciones al quedar embadurnados de miel. Una modelo dijo que la sustancia se sentía pesada y extraña, pero admitió que la hizo sentir "protegida de alguna manera".

CALABAZAS DE MIEDO El artista de Hollywood Jon Neill crea imágenes escalofriantes de Halloween tallando caras arrugadas y bocas llenas de dientes chuecos en calabazas grandes, algunas de hasta 772 kg. Siempre está a la busca de calabazas con carácter y dice: "Si puedo ver un asomo de expresión o actitud en una calabaza, la consigo para tallarla".

NIÑA PRODIGIO Iris Grace Halmshaw, de cinco años, de Leicestershire, Inglaterra, tiene autismo y le cuesta trabajo sostener una conversación, pero crea coloridas pinturas que se venden por más de 2,500 USD.

▶▶ ARTISTAS DE MÁS DE 45 PAÍSES ACUDEN AL FESTIVAL MUNDIAL DE PINTURA CORPORAL EN AUSTRIA PARA COMPETIR EN CINCO CATEGORÍAS, COMO PINCEL, ESPONJA Y AERÓGRAFO.

SELFIE DE VIDEO El artista JK Keller, de Homer, Alaska, EE.UU., se tomó una foto todos los días desde los 22 a los 39 años, para crear un video de cámara rápida que muestra el proceso de envejecimiento.

HELADOS DE CERÁMICA La artista de la cerámica Anna Barlow, de Londres, Inglaterra, hace esculturas realistas de postres de helado, con todo y cerezas de porcelana y galletas vidriadas. Cuando sus obras están en el horno, el esmalte actúa como azúcar fundida y ayuda a crear la ilusión de helado derretido.

SETS DE PAPEL Bruna Salvador Conforto, de Louveira, Brasil, construye intrincados modelos de escenarios de películas de *Harry Potter* en papel. Corta, dobla y pinta todas las piezas de papel, y luego las coloca con cuidado en el set con pinzas. También recreó con papel el departamento de Mónica de la serie de televisión *Friends*, un reto que le llevó dos años.

CASA MINIATURA Leonard Martin, de Dorset, Inglaterra, gastó 9,000 USD y pasó 26 años, más de un tercio de su vida, construyendo Langdon Hall, una increíble casa de muñecas gigante estilo georgiano de 1.8 m de largo y 1.1 m de alto, con seis habitaciones, pisos de mármol y madera, techos enyesados (con chapa de oro de 24 quilates) y candelabros con cristales Swarovski® con un valor de 150 USD. Cortó individualmente 5,000 ladrillos de cartón para el frente de la casa, hizo todos los muebles e iluminó cada cuarto con luces eléctricas.

CENTÍMETROS DE MENOS Para su obra *El intruso*, el artista ecuatoriano Oscar Santillán tomó la roca más alta de la cumbre de la montaña más alta de Inglaterra, Scafell Pike, de 978 m, y redujo así su altura en 2.5 cm.

ARTE DE LLANTAS El diseñador de Singapur Thomas Yang pinta imágenes de lugares famosos con llantas de bicicleta. Cubre el hule de las llantas con un pigmento negro y las rueda sobre el lienzo para formar imágenes realistas de lugares famosos como el edificio Empire State, la Torre de Londres y la Torre Eiffel.

ARTISTA CIEGO John Bramblitt, de Denton, Texas, EE.UU., crea coloridas pinturas que se han expuesto en más de 30 países, a pesar de que ha sido ciego desde 2001. Si bien la escritura braille en los tubos de pintura le ayuda a identificar los colores, utiliza un tipo especial de pintura para tela texturizada para poder sentir lo que está pintando.

MURALES ESCOLARES El conserje Valery Khramov, de 90 años, ha pasado 25 años pintando las monótonas paredes de su escuela en Ekaterimburgo, Rusia, con hermosas escenas que representan cuentos de hadas y las cambiantes estaciones.

Cuando el historiador Erik Kwakkel estudia libros y manuscritos de 800 años en la Universidad de Leiden, Países Bajos, ¡lo que le interesa son los garabatos en los márgenes! Muchos de estos pequeños esbozos, garabatos y trazos de práctica fueron hechos por escribas medievales que probaban la tinta de una pluma. Sin embargo, la investigación de Kwakkel ha revelado que algunas de las caras graciosas, trazos de letras, líneas aleatorias o figuras eran el equivalente de los garabatos que hacemos por aburrimiento.

GARABATOS medievales

Erik Kwakkel nos da un breve esbozo de estos garabatos.

P ¿Existe un tema común que vincule estos garabatos?
R Por experiencia, el tema o la apariencia de los garabatos no están relacionados con un período o tipo de libro específicos. Sin embargo, es sorprendente el número de libros de derecho que tienen caras en los márgenes, por razones que desconozco.

P ¿Cómo se siente cuando encuentra estos garabatos en libros antiguos?
R Lo que me sucede al encontrar uno puede describirse mejor como una "sensación histórica", una conexión personal con la época medieval. El garabato (y también la huella digital) produce una sensación de cercanía con el pasado.

P ¿Cuál ha sido el garabato más inesperado que ha descubierto?
R Recuerdo haber visto un garabato "vacilante" con el nombre de un niño escrito debajo, y no era difícil imaginarse a un niño o niña inclinados sobre el libro con una pluma, aburridos, deseando que ya se hubiera terminado la tarea, como hace mi hijo de 10 años. Esa sensación de conexión y familiaridad con cinco o diez siglos de diferencia es lo que los hace más atractivos.

Múltiples Budas

El 27 de agosto de 2015, se reunió en un centro de exposiciones de Zhengzhou, China, el mayor número de estatuas de Buda en el mundo, un total de 9,900. Las estatuas se tallaron minuciosamente a mano con madera de jujube, en varios tamaños.

ESTATUA DE BEATLES
Leonard Brown creó una estatua de tamaño real de una anciana, inspirada en la canción de los Beatles de 1966 "Eleanor Rigby", hecha de 1 millón de libras esterlinas en billetes de banco viejos. Los miles de billetes de 5, 10 y 20 libras se los proporcionó el Banco de Inglaterra en forma de trozos triturados. Algunos de ellos llenaron la cavidad torácica de la figura, mientras que otros se machacaron y se moldearon sobre el marco de acero de la estatua. El artista, que nació en Liverpool, la ciudad natal de los Beatles, tardó seis meses en completar la obra.

RETRATO CON TÉ "Red" Hong Yi, un artista de Shanghai, China, hizo el retrato de un fabricante de té con 20,000 bolsitas de té. Remojó las bolsas individuales en agua caliente, y al cambiar la temperatura y la cantidad de agua, pudo lograr 10 tonos diferentes de café. Organizó y engrapó las bolsas en una malla de alambre para hacer el cuadro, que tardó dos meses en terminar. Yi había hecho antes el retrato del director de cine chino Yimou Zhang usando 750 pares de calcetines blancos, negros y grises.

COLLAGE NATURAL La artista Bridget Beth Collins, de Seattle, EE.UU., crea coloridos collages de aves, criaturas marinas y caras humanas usando pétalos de flor, hojas, bayas y ramitas.

BOLSAS DE PLÁSTICO El artista sudafricano Mbongeni Buthelezi produce increíbles obras de arte con bolsas de plástico desechadas. Rasga las bolsas de colores y derrite las tiras con una pistola de calor para aplicarlas sobre un fondo de plástico y formar retratos y paisajes realistas.

CARAS CON LETRAS Álvaro Franca, de Río de Janeiro, Brasil, dibuja retratos detallados de sus autores favoritos, como J.D. Salinger y Jack Kerouac, usando solo una máquina de escribir. Variando las letras y el número de golpes de tecla, puede cambiar el sombreado; por ejemplo, una "m" es más oscura que una "i" debido a su densidad.

TANQUE DE NIEVE
Alexander Zhuikov, estudiante de Novosibirsk, Rusia, esculpió un tanque de tamaño natural con 20 toneladas de nieve. Usó palas, cuchillos y paletas, y tardó un mes en crear una réplica sólida de 6 m de largo y 2 m de altura de un tanque SU-122-54 de la era soviética. Todas las partes estaban hechas de nieve, excepto el cañón, que era de cartón.

ARTISTA CALLEJERA CENTENARIA

A sus 104 años, la bisabuela Grace Brett podría ser la artista callejera más vieja del mundo. Cubrió con tejidos de estambre su pueblo, Selkirk, en Escocia, con ayuda del colectivo *Souter Stormers*, un grupo de la "guerrilla del ganchillo", y también cubrieron 46 lugares famosos en el condado escocés de Borders en 2015. Brett y sus compañeros pasaron casi un año planeando en secreto el proyecto. "Pensé que sería una buena idea decorar el pueblo y que mi crochet fuera parte de ello", dijo Brett. "Me gustó ver mi trabajo junto con el de los demás, y me pareció que el pueblo se veía precioso".

HAZMAT
en las olas

Cuando el fotógrafo Michael Dyrland, de Bellingham, Washington, EE.UU., viajó a Los Ángeles en agosto de 2015, planeaba hacer algo de surfing en Venice Beach, pero sus amigos le advirtieron de la contaminación. "Me sorprendí. Como llueve tan poco en Los Ángeles, todas las aguas negras, basura y materia fecal llegan a las playas y al mar", dijo Dyrland. En colaboración con la Surfrider Foundation, una organización sin fines de lucro dedicada a la protección de playas y océanos, Dyrland creó la serie fotográfica "HAZMAT Surfing", que muestra lo que podría ser el surfing en 25 años si las condiciones continúan empeorando.

Christina en ROJO

Aunque usted no lo crea, estas fotos increíblemente coloridas son de 1913, ¡por lo que son de las primeras fotos en color jamás tomadas! Mervyn O'Gorman tomó estas fotos de su hija, Christina, en Lulworth Cove, Dorset, Inglaterra, usando Autochrome, una de las primeras tecnologías para fotos en color. Autochrome usaba placas de vidrio cubiertas de almidón de papa para filtrar las imágenes con un tinte, para lograr colores intensos y brillantes. Le pidió a su hija que usara ropa roja, porque este color funcionaba muy bien con la tecnología.

PINCEL GIGANTE Sujit Das, de Assam, India, pinta con un pincel de 8.5 m de largo, que pesa 22 kg. Lo hizo de trozos de bambú y troncos de madera. Las cerdas están hechas de pelo de cola de caballo. Necesita un lienzo muy grande, de 1.8 m x 1.2 m, para poder usar el pincel y pintar retratos de personas famosas de la India, como Mahatma Gandhi.

MOSAICO DE SPOCK William Shatner rindió homenaje a su compañero de *Star Trek*, Leonard Nimoy, haciendo un retrato del Sr. Spock con miles de selfies de fans. Shatner pidió a los fans de la serie que le enviaran sus fotos haciendo el famoso saludo vulcano de Spock, y luego convirtió las fotos en un mosaico.

OBRA DE ARTE PERDIDA Un cuadro de Pablo Picasso con valor de 15 mdd, *La Coiffeuse*, que se robaron de un área de almacenamiento en París, Francia, en 2001, apareció en diciembre de 2014 en Newark, Nueva Jersey, después de que llegó a Estados Unidos desde Bélgica como un regalo de Navidad con un valor declarado de 37 USD.

ACUARIOS DE COMPUTADORAS Jake Harms, de Hildreth, Nebraska, EE.UU., ha convertido más de 1,000 equipos Apple iMac® viejos en hermosos acuarios, lámparas y relojes, que vende a clientes de todo el mundo.

RÉPLICA DE ESTADIO Joe Duncan, de 92 años, pasó un año construyendo una réplica exacta del estadio Progressive Field, del equipo de beisbol Cleveland Indians de la MLB®, en el ático de su casa en Sharon Center, Ohio, EE.UU., usando madera, malla de alambre, materiales de arte y figuras de beisbol.

ARTE VACUNO El ranchero Derek Klingenberg, de Peabody, Kansas, EE.UU., usó pacientemente su camión con comida para mover vacas en un campo hasta que formaron una carita feliz, que luego filmó desde arriba con un dron. Tardó varios minutos en alinear a las vacas, y en una ocasión tuvo que dar marcha atrás cuando las vacas que formaban uno de los ojos se terminaron la comida y empezaron a alejarse.

VESTIDOS DE PAPEL Asya Kozina, artista de San Petersburgo, Rusia, creó una línea de elaborados vestidos de novia hechos por completo de hojas de papel blanco. Basó sus diseños en trajes tradicionales de Mongolia de hace cientos de años.

¡Tienen más de 100 años!

Arte

¡Estas hermosas fotos antiguas se tomaron con almidón de papa!

MURAL DE CORCHO Para el estreno de la quinta temporada del programa *Cougar Town*, el artista Scott Gundersen, de Grand Rapids, Michigan, EE.UU., hizo un mural de la actriz Courteney Cox con 60,000 corchos de vino reciclados. Hizo un dibujo a lápiz de la actriz y luego pegó cada corcho al lienzo; usó diferentes tonos de vino tinto en los corchos para crear luz y sombra. Tardó 200 horas para preparar la obra y 10 días para pegar los corchos.

ARTE CON UÑAS Ed Chapman, de Manchester, Inglaterra, hizo un retrato de Jimi Hendrix con 5,000 uñas de guitarra Fender®. El cuadro se vendió después en una subasta en 37,200 USD.

RÉPLICA EN HIELO

En febrero de 2015, cinco hombres usaron motosierras y cortadoras de hielo para hacer una réplica congelada del monumento inglés Stonehenge, a 6,240 km de distancia, en Rock Lake, Wisconsin, EE.UU. Cada uno de los pilares de hielo de 1.8 m de altura pesaba 136 kg, mientras que los bloques que colocaron horizontalmente sobre ellos pesaban 91 kg. Drew McHenry, Kevin Lehner, Quinn Williams, Alec Seamars y Patrick Shields tardaron dos semanas en crear su obra, pero conforme subía la temperatura, se fue derritiendo.

>¡50 páginas en microficha!

BIBLIA LUNAR

Durante su histórica caminata del *Apolo 14* en la Luna en 1971, el astronauta Edgar Mitchell llevó consigo 100 de las 300 microfichas de 6.5 cm² de la Biblia del rey Jacobo que había llevado a bordo. En el año 2000, se colocaron para la posteridad en huevos Fabergé personalizados. ¡Ripley es el orgulloso poseedor de tres de estas biblias lunares únicas!

APOLLO 14
Lunar Surface Bible Text Fragment
- 50 Pages -

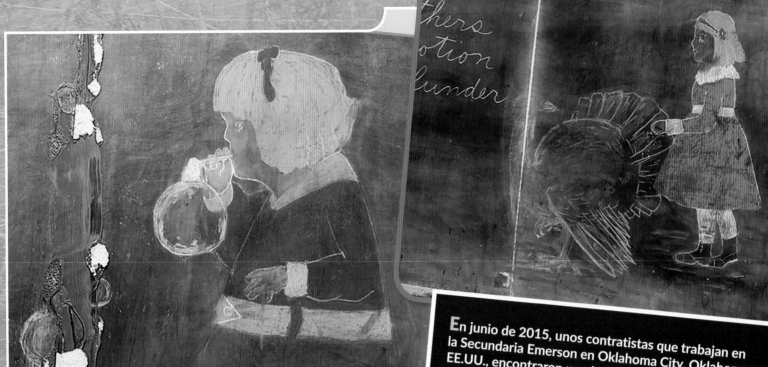

Sorpresa en la renovación

BOCA DEPORTIVA Henry Fraser, de Hertfordshire, Inglaterra, quedó paralizado de los hombros para abajo por un accidente de buceo a los 17 años. Utiliza su boca para dibujar a deportistas como el piloto de Fórmula 1® Lewis Hamilton y el ex jugador de futbol francés Thierry Henry. Usa una aplicación de dibujo y un palo en la boca, con un *stylus* en el extremo.

MEMORIA FOTOGRÁFICA

El artista holandés Stefan Bleekrode puede dibujar bocetos en tinta sorprendentemente detallados de las ciudades que ha visitado, solo de memoria. Ha dibujado vistas aéreas precisas de ciudades como Londres, Nueva York y París, con edificios, puentes e incluso alumbrado público. Tarda casi seis meses en completar cada uno de sus dibujos a gran escala, que se venden hasta por 6,000 USD.

AGUJAS GIGANTES Laura Birek, de Los Ángeles, California, EE.UU., teje enormes mantas con agujas de 1.5 m de largo, que hizo de tubos de PVC de 3.75 cm de diámetro, con cinta plateada en los extremos para formar puntas. Antes había intentado usar palos de escoba como agujas, pero eran demasiado pequeños. El estambre que usa para sus "supermantas" viene en bolas que son más grandes que sus gatos.

SOMBREROS DELICIOSOS Phil Ferguson, de Melbourne, Australia, teje a ganchillo coloridos sombreros en forma de comida, como pizzas y hamburguesas, y luego pone en Instagram fotos de sí mismo usando sus creaciones, para sus más de 130,000 seguidores.

PALETAS DE ANIMALES Usando una forma de arte japonesa de 500 años de antigüedad llamada *amezaiku*, Shinri Tezuka convierte trozos de dulce moldeable en paletas con forma de peces dorados, ranas, renacuajos y otras criaturas. Después de calentar la base de jarabe de caramelo, tiene solo tres minutos para moldearla con un par de tijeras especiales antes de que se enfríe y se endurezca. Luego la pinta con colorantes orgánicos.

PINTURAS DE PLUMAS Jamie Homeister, de New Albany, Indiana, EE.UU., hace pinturas de loros y otras aves sobre las mismas plumas que acaban de mudar.

FOTOS MOHOSAS El artista surcoreano Seung-Hwan Oh distorsiona fotos a propósito con moho, aunque puede tardar años en completar cada imagen mohosa. Deja que crezca moho en los negativos almacenando la película en un ambiente cálido y húmedo, donde el hongo puede crecer. A veces unta en las impresiones el moho que crece en el pan y el arroz, para agregar más distorsión. Sin embargo, solo puede usar más o menos una de cada 500 fotos, porque el moho no siempre crece como él quiere.

ESFUERZO CONJUNTO Ruth Oosterman, de Toronto, Ontario, Canadá, convierte los garabatos de su hija Eve, de dos años, en bellas pinturas. Estudia las líneas aleatorias en tinta negra que Eve dibuja y busca formas que puedan servir como base de una imagen, como la cara de una mujer o el pico de un pájaro, y luego aplica acuarelas para convertirlas en la obra de arte de un adulto.

MAPA DE PANAL El artista chino Ren Ri creó un asombroso mapamundi con cera de abeja. Colocó un mapamundi dentro de una colmena y controló el movimiento de la abeja reina de modo que las otras abejas construyeran en los lugares que había marcado en el mapa. También ha hecho mapas precisos con cera de abeja de países como Estados Unidos, Francia y Japón, usando la misma técnica.

FICHAS DE COLORES Peter Combe, un artista canadiense que vive en San Francisco, EE.UU., crea retratos "pixelados" en 3D tan realistas que parecen fotos, hechos con muestrarios de pinturas perforados a mano en forma de pequeños discos. Coloca cuidadosamente los discos en ranuras cortadas en el lienzo, con ayuda de una lámpara antigua de quirófano. Tiene muestrarios con más de 1,100 colores. A veces coloca los discos de manera que el lado de color esté hacia adentro, para que el color no quede directamente visible, sino que se refleje en el fondo.

BUQUE FANTASMA Una nave fantasmal se proyectó en un canal de Ámsterdam, Países Bajos, usando agua, luces y viento. La creación del colectivo de arte rumano VisualSKIN cobró vida al montar cuatro bombas de agua en pontones, para que flotaran en el canal. Dos estaban frente a frente a 24 m de distancia y las otras dos estaban también frente a frente, pero a 6 m, a lo largo del centro de las dos primeras. Al encender las bombas, se formaron dos pantallas de agua de 9 m de alto que se cruzaban en el centro, en ángulo recto. Esto permitió crear una imagen en 3D con *gobos* y reflectores para proyectar una nave del siglo XVII a lo largo y a lo ancho de las pantallas. Al soplar el viento, el holograma se balanceaba de manera fantasmagórica contra el cielo nocturno.

Dinosaurio musical

En 2014, el artista Stanley Skopek, de Grand Rapids, Michigan, EE.UU., creó *Dawn of Chimes*, un dinosaurio formado por muchos instrumentos musicales de metal. Como un fan de toda la vida de Ripley, ¡el sueño de Skopek es tener una de sus increíbles esculturas de instrumentos musicales en cada Odditorium del mundo! Este raptor rapsódico de 2 m de altura y 4 m de largo se exhibirá en el nuevo Odditorium de ¡Aunque usted no lo crea! de Ripley, en Ámsterdam.

MOSAICO DE TÉ
En un parque de Jinan, China, se creó un mosaico que cubría un área de 86.5 m² con 5,280 tazones de té negro y leche.

CAMBIO DE MODELO Cuando el artista estadounidense Grant Wood (1891-1942) planeó su famosa pintura *American Gothic*, quería que su madre Hattie fuera la modelo, pero luego decidió que estar de pie tantas horas le resultaría agotador. Por eso, vistió a su hermana Nan, de 32 años, como su madre para que posara en vez de ella.

ESCULTURAS DE GLOBOS En su tiempo libre, el ingeniero químico japonés Masayoshi Matsumoto crea increíbles esculturas de animales con varias capas de globos. Cada una puede tardar hasta seis horas, e incluso los ojos brillantes de las criaturas están hechos de globos.

CRÁNEO DE ACERO Subodh Gupta, de Nueva Delhi, India, hizo una escultura de un cráneo humano con cientos de utensilios de cocina de acero inoxidable reutilizados. Pesa casi una tonelada y mide 2.4 m de altura.

9 Comida

Malvavisco fundido

Aparentemente, una fogata normal no es suficiente para el temerario Simon Turner, ¡que asó sus malvaviscos al borde de un lago de lava! Usando un palo de tienda de campaña, Turner colgó su bombón sobre el cráter Marcum en la isla de Ambrym, en Vanuatu. Turner y su camarógrafo, Bradley Ambrose, tuvieron que descolgarse casi 400 m hasta la lava fundida, ¡que puede alcanzar temperaturas de 1,093 °C!

CAMELLO ASADO Como parte de un festival turístico en Xinjiang, China, cientos de personas se reunieron para darse un festín de camello asado. Para cocinar el animal de 450 kg, el chef Momin Hopur y su equipo pasaron cinco días construyendo un horno de 4 m de altura con más de 10,000 ladrillos. Usaron una grúa para poner al brillante camello marinado en el horno.

SÚPER PAPA

El Sr. Chen, un agricultor de la provincia china de Sichuan, cosechó un tubérculo extraordinariamente grande, ¡que medía casi 70 cm de largo y pesaba 14.6 kg! Chen notó un brote en su patio trasero en la primavera de 2014, pero se sorprendió al ver este monstruoso vegetal con forma de mano al año siguiente, ya que nunca lo fertilizó ni le prestó atención. Decidió usarlo para hacer sopa, ¡y dijo que sabía a camote!

NABO GIGANTE El Sr. Li, jardinero de la provincia de Yunnan, China, cultivó un enorme nabo de 1.2 m de largo y 15 kg. El tubérculo gigante, que cultivó de forma natural sin fertilizantes, pesaba más que un niño de tres años.

DIETA DE BICHOS Camren Brantley-Ríos, estudiante de la Universidad de Auburn en Alabama, EE.UU., desayunó, comió y cenó insectos durante todo un mes. Comió por ejemplo huevos revueltos con gusanos de cera, hamburguesas de bichos con grillos y queso, cucarachas fritas y grillos cubiertos de chocolate.

LOCO POR LA ARENA Sudama Devi, de 92 años, de Kajri Noorpur, India, come 1 kg de arena todos los días y nunca ha tenido que ver a un médico. Tenía 10 años cuando la probó por primera vez y ahora consume cuatro platos al día, mezclándola a veces con agua para hacer una bebida vigorizante.

TORRE DE CHOCOLATE Andrew Farrugia, de Malta, creó un modelo de 13.4 m de altura del rascacielos Burj Khalifa de Dubái, con 4,200 kg de chocolate belga. Farrugia y su equipo tardaron 1,050 horas (más de 43 días) en completarlo.

HUEVOS AFRUTADOS Los agricultores de la prefectura de Kochi en Japón alimentan a los pollos con la cáscara de yuzu, un cítrico japonés, y han creado así huevos llamados "yuzu tama", que huelen y saben como la fruta.

QUESOFOBIA Anna Bondesson, de Bara, Suecia, tiene una fobia extrema al queso. La aterroriza tanto, que se echa a llorar con solo mirarlo. Todos los tipos de queso le causan pavor, e incluso se asusta si escucha a alguien hablar de quesos.

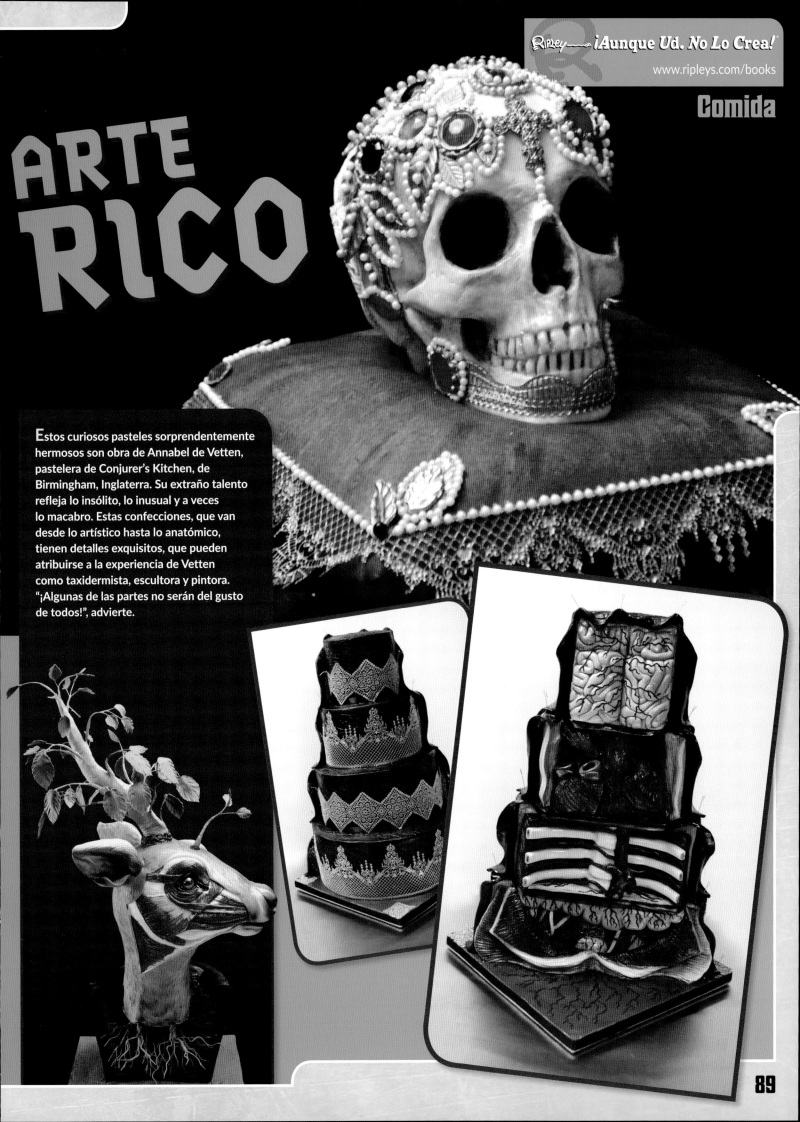

Comida

ARTE RICO

Estos curiosos pasteles sorprendentemente hermosos son obra de Annabel de Vetten, pastelera de Conjurer's Kitchen, de Birmingham, Inglaterra. Su extraño talento refleja lo insólito, lo inusual y a veces lo macabro. Estas confecciones, que van desde lo artístico hasta lo anatómico, tienen detalles exquisitos, que pueden atribuirse a la experiencia de Vetten como taxidermista, escultora y pintora. "¡Algunas de las partes no serán del gusto de todos!", advierte.

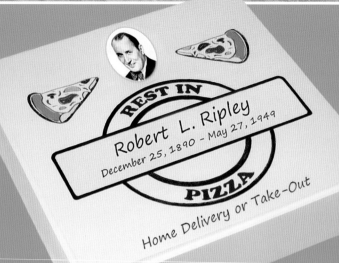

REST IN PIZZA

Robert L. Ripley
December 25, 1890 – May 27, 1949

Home Delivery or Take-Out

RIP en pizza

Cuando un ser querido fallece, puede acabar como una pizza. Light Urns, de Three Rivers, California, EE.UU., ofrece una de las urnas más creativas del mercado: una caja de pizza.

Rebanadas RARAS

Bernard Jordan, que trabaja en Butlers Pizza, en Ciudad del Cabo, Sudáfrica, entregó una pizza a Corne Krige, el capitán del equipo de rugby Fedsure Stormers en Sydney, Australia, a **11,042 KM DE DISTANCIA.**

Los estadounidenses comen unas **40 HECTÁREAS DE PIZZA** al día.

Neighborhood Pizza, en Florida, EE.UU., ofrece la "Everglades Pizza", ¡con **CARNE DE PITÓN, SALCHICHA DE CAIMÁN** y **ANCAS DE RANA!**

La primera transacción de **BITCOIN** fue por una pizza.

Rebanada costosa ➔

La pizzería Nino's Bellissima de la Ciudad de Nueva York, EE.UU., vende una **PIZZA DE 1,000 USD** con seis variedades de caviar, cebolletas, langosta fresca y crème fraîche.

El 20 de junio de 2015, pizzeros de la Expo Milano crearon la **PIZZA MÁS LARGA DEL MUNDO**, de 1.5 km. Usaron 1.5 toneladas de queso mozzarella y 2 toneladas de salsa de tomate, ¡y pesaba unas 5 toneladas!

En 2001, Pizza Hut® entregó una pizza a la **ESTACIÓN ESPACIAL INTERNACIONAL.**

En 2006, Cristian Dumitru, de Rumania, ¡se comió **90 KG** de pizza en una semana!

NEW FOR EASTER

RABBIT PIZZA

MADE FROM REAL RABBIT. LIKE THIS BILLBOARD.

Anuncio con conejos

Los conejos se consideran una plaga dañina en Nueva Zelanda, así que si no pueden acabar con ellos, ¡sí se los pueden comer! Para la Pascua de 2014, Hell Pizza introdujo una pizza de conejo silvestre ahumado, piñones tostados, remolacha y horopito, queso crema, romero y cebollitas frescas. Para anunciarla, ¡la cadena mandó poner anuncios espectaculares cubiertos con cientos de pieles de conejo reales! Las pieles tenían una procedencia ética, de una empresa de curtido profesional, que las obtuvo de una empresa local de procesamiento de carne, donde las pieles son un subproducto normal.

Panes divertidos

Lou Lou P's Delights, de Leeds, Inglaterra, tiene una batidora Kenwood Chef, un par de bandejas de hornear y una compulsión por crear arte de comida ridículo y delicioso. Desde brioches con forma de perezoso hasta galletas de piñata de Donald Trump, e incluso donas inspiradas por la película de horror *The Ring*, Lou Lou P hace panes poco convencionales.

Los bollos de perro chato y de unicornio nacieron del mismo lote. Primero vino el perro, cuya frente fruncida fue todo un reto. Lou Lou P horneó la masa canina lentamente para conservar su color de piel beige claro. Cuando se enfrió, pintó los ojos de cachorro, las orejas y el hocico del perro con polvos comestibles. ¡Con la masa que le sobró, Lou Lou P hizo un bollo de unicornio!

PROPINA GENEROSA Un hombre disfrutó tanto del guisado que comió con un amigo en el restaurante Blue 44 de Washington, DC, EE.UU., en mayo de 2015, que dejó una propina de 2,000 USD por una cuenta de 93 USD.

NADA DE QUESO Antes del partido de *playoffs* entre los Seattle Seahawks y los Green Bay Packers de la NFL® en 2015, el administrador municipal de Bainbridge Island y fan de los Seahawks, Douglas Schulze, prohibió la posesión y consumo de queso dentro del ayuntamiento, como una broma afectuosa contra los fans de los Green Bay Packers, que se conocen como "cabezas de queso".

PASTEL HISTÓRICO La repostera Christine Jensen, de Cornualles, Inglaterra, pasó 94 horas creando una réplica de tamaño real de la Carta Magna, el documento histórico que firmó el rey Juan de Inglaterra en 1215, hecha solo de pastel. Copió las 4,000 palabras de escritura medieval en latín usando colorante sobre fondant.

TAZA COMESTIBLE El restaurante de comida rápida Kentucky Fried Chicken (KFC®) creó una taza de café comestible. Se llama "Scoff-ee Cup" y está hecha de una galleta como de barquillo, envuelta en papel de azúcar y cubierta de chocolate blanco resistente al calor, que mantiene caliente el café, y crujiente la taza.

TATUAJE DE CURRY Beth Faulds, de Glasgow, Escocia, se hizo un tatuaje del logotipo del restaurante de curry Shish Mahal en la cadera, a cambio de que su padre Norman, al que le fascina el curry, pudiera disfrutar de comidas gratis un año. Norman ha sido cliente del Shish Mahal durante casi 50 años.

GUSANOS SALTARINES Los diminutos gusanos de 8 mm de longitud que infestan el queso casu marzu de Cerdeña pueden saltar 15 cm cuando los molestan; es como si el campeón olímpico ruso de salto alto en 2012, Ivan Ukhov, saltara 38.4 m.

¿QUÉ FUE PRIMERO? Cuando Simon Steer, de Devon, Inglaterra, empezó a freír un huevo en un sartén, se sorprendió al ver la figura que se formó. La yema chisporroteó en el aceite para formar la cabeza y el pecho de una gallina, y la clara formó el resto del cuerpo.

ENERGIZADA Durante casi seis años, Sarah Weatherill, de Coventry, Inglaterra, bebió hasta 24 latas de Red Bull® todos los días. Tuvo que someterse a hipnosis para romper su costosa afición a la bebida energizante con cafeína, de 8,000 USD al año.

SÁNDWICH DE ALTURA Sugardale Foods, de Ohio, EE.UU., creó un increíble sándwich de 40 capas. Medía 66 cm de alto y pesaba 4.1 kg; tenía 160 rebanadas de tocino, 42 rebanadas de pan, 2.3 kg de mantequilla de cacahuate y 1.4 kg of Marshmallow Fluff®.

ALBERCA PEGAJOSA The Candy Factory, en North Hollywood, California, EE.UU., hizo un dulce de chocolate relleno de cacahuate de 201 kg. Los ingredientes eran tan pesados, que los empleados no pudieron encontrar un tazón lo suficientemente grande para usar como molde, así que echaron el chocolate derretido y la mantequilla de cacahuate en una alberca para niños.

El carruaje real

Creada por el chef Ash Elsayed, esta obra de 136 kg ¡está hecha a mano, de una mezcla de sal, maizena y agua! Mide 2.5 m de largo y 60 cm de altura; todo el proceso, desde la planeación hasta el esculpido a mano, tardó más de 200 horas. Esta obra maestra recibió la medalla de oro de la Société Culinaire Philanthropique en 1994 en la competencia del Salón de Artes Culinarias de la ciudad de Nueva York, EE.UU., y ahora es parte de la colección ¡Aunque usted no lo crea! de Ripley.

QUESO PROHIBIDO
El queso Stilton inglés tiene licencia para producirse en Derbyshire, Leicestershire y Nottinghamshire en el Reino Unido, pero no en el pueblo de Stilton, en Cambridgeshire, con el que comparte su nombre.

COMIDA RÁPIDA
Los corredores del medio maratón (21 km) en Washington, DC, EE.UU., deben comer un hot dog con chile con carne y papas fritas a medio camino, antes de que se les permita terminar.

MARTINI AÑEJO
El afamado cantinero Salvatore Calabrese, de Las Vegas, EE.UU., creó un martini con licores con una antigüedad combinada de más de 350 años. Los licores de naranja y la ginebra eran de 1900, y el vermut era de 1890.

Lienzo de galletas

Comida

A todos nos han dicho alguna vez "¡No juegues con tu comida!", pero Tisha Cherry Saravitaya, de Brooklyn, Nueva York, EE.UU., rompe esta regla usando un lienzo único para sus obras: OREOS®. Con el relleno cremoso, Saravitaya pinta en las galletas obras maestras inspiradas en la cultura popular, desde Warhol hasta emojis.

HAMBURGUESA PICANTE

Loren Gingrich, dueño del restaurante Xtreme Smokehouse and Grill, en Washington, Iowa, EE.UU., creó la hamburguesa "Hellfire Burger", que es 200 veces más picante que un chile jalapeño (tiene una clasificación de un millón en la escala Scoville). Incluye chile en polvo, extracto de chile puro y salsa picante, y pica tanto, que los clientes tienen que firmar una liberación de responsabilidad y usar guantes y goggles antes de probarla.

ATRACÓN DE TOCINO

Matt "Megatoad" Stonie, de San José, California, EE.UU., se comió 182 rebanadas de tocino en cinco minutos, en las 500 millas de Daytona de 2015.

CERVEZA RARA

La cervecería Stedji de Islandia lanzó al mercado una nueva cerveza de edición limitada, con sabor a testículos de ballena ahumados. La cerveza Hvalur 2 se hace curando testículos de ballenas de aleta, para luego agregarles sal y ahumarlos.

FANS DEL POLLO

Brian Lutfy y Neil Janna viajaron 1,600 km con sus cuatro hijos, de Montreal, Quebec, Canadá, a Corbin, Kentucky, EE.UU., solo para probar el pollo de Kentucky Fried Chicken (KFC®). El viaje de ida y vuelta al lugar de origen de KFC duró 34 horas, y pasaron por dos provincias canadienses y cinco estados de Estados Unidos.

MR. BEAN

Gary Watkinson, de 25 años, de Huddersfield, Inglaterra, solo come frijoles en pan tostado. Cuando viaja, puede comer papas a la francesa (pero solo si no puede encontrar frijoles); nunca ha comido otra cosa desde que era niño.

FAN DE FIDEOS

En las últimas dos décadas, el entusiasta de los fideos japonés Toshio Yamamoto ha probado más de 5,600 variedades de fideos ramen instantáneos de 40 países.

POSTRE PESADO

Treinta chefs de repostería en Gemona, Italia, ayudaron a hacer un tiramisú gigante que pesaba 3,015 kg, similar al peso de una camioneta grande. El postre con sabor a café era tan pesado, que tuvo que pesarse con una grúa.

93

BAR DE MONOS In't Aepjen, que está en el negocio desde 1519 y es uno de los bares más antiguos de Ámsterdam, Países Bajos, solía aceptar monos de marineros como pago por las bebidas. Los monos eran de Indonesia, en ese entonces una colonia holandesa, pero pronto había tantos en el bar, que los clientes se quejaban de las pulgas. Los animales se enviaron finalmente al precursor del actual zoológico Artis Royal.

HUEVOS EN ESCABECHE Terry Nugent, de Kent, Inglaterra, puede comer tres huevos en escabeche en solo 22 segundos. En un solo día, se come a veces 15 de estos huevos duros picantes curados en vinagre o salmuera.

Desayuno
EN LA CAMA

El desayuno en la cama es la mejor manera de comer huevos con tocino, y 418 personas decidieron probarlo el 16 de agosto de 2015. Los participantes rompieron el récord de más personas tomando el desayuno en la cama. Comenzaron el día descansando cómodamente en el jardín del hotel Sheraton Langfang Chaobai River, en Hebei, China. Aunque ya estaban rompiendo una de las reglas de mamá ("¡No coman en la cama!"), los participantes tenían que mantener la espalda contra la cabecera en todo momento antes de empezar: ¡descalificaron a 72 por ansiosos!

FIDEO
SIN FIN

VAPOR PICANTE El curry "infierno de cocodrilo", que se sirve en el restaurante de Tony Uddin, en Staffordshire, Inglaterra, es dos veces más fuerte que el gas lacrimógeno y pica tanto, que el personal de la cocina tiene que usar máscaras de gas para protegerse de los vapores de chile.

CONO GIGANTE La empresa de helados noruega Hennig Olsen fabricó un cono de helado de 3 m de altura, que pesaba casi una tonelada. Además de tener 60 litros de chocolate y 110 kg de galleta de barquillo, el cono gigante podía contener 1,080 litros de helado, suficiente para dos bolas de helado para casi 11,000 personas.

HILERA DE DONAS Más de 100 voluntarios en el municipio de Hamburg, Michigan, EE.UU., pusieron 24,000 donas para crear una línea que se extendía más de 3.2 km.

En China, se acostumbra comer fideos en los calurosos días de verano, especialmente en el solsticio de verano. Dice el dicho: "Después de comer fideos en el solsticio de verano, anochece más temprano cada día". El 23 de julio de 2015, para ayudar con la tristeza de ir perdiendo la luz del día, los estudiantes de la Universidad de Yangzhou crearon un fideo de 300 m de largo.

CURRY PARA LLEVAR Cuando Whitney y Adam Gardner se mudaron de Sussex, Inglaterra, a Bretaña, Francia, extrañaban tanto su restaurante favorito de comida para llevar de la India, que hacían que sus parientes fueran por curry y se lo llevaran a su nuevo hogar, a 800 km, por el Eurotúnel.

VINO DE RATONES El vino de ratones bebés, un tónico tradicional en China y Corea, se hace colocando hasta 15 ratones bebés vivos, tan jóvenes que sus ojos todavía estén cerrados y no les haya crecido pelaje, en una botella de vino de arroz y dejándolos que se ahoguen y se fermenten al menos un año. Al final del proceso, los cuerpos ya están en el fondo de la botella, por lo que el líquido se puede beber sin tragarse a los ratones.

PALACIO DE CERVEZA El Raleigh Beer Garden en Raleigh, Carolina del Norte, EE.UU., tiene 366 cervezas de barril individuales, una para cada día del año, incluso para un año bisiesto.

ÍDOLO DE HUESO Un restaurante en Guadalajara, México, está decorado con 10,000 huesos de animales, algunos reales y otros réplicas de aluminio. Se llama "Hueso", y fue diseñado por el arquitecto Ignacio Cadena, y casi cada espacio vertical en el interior está adornado con cráneos, mandíbulas y vértebras blanqueados.

CUATRO YEMAS Cuando vio un enorme huevo tres veces más grande de lo normal en la tienda de Gloucester, Inglaterra, donde trabajaba, Jan Long lo abrió y vio cuatro yemas adentro, una ocurrencia de uno en once mil millones.

DIETA DE BEATLE Cuando los Beatles visitaron la India en 1968, el baterista Ringo Starr llevó dos maletas, una llena de ropa y la otra llena de latas de frijoles en salsa de tomate, porque su estómago no podía soportar la comida picante.

SALCHICHA DULCE Como quería crear una mezcla de dulce y salado, Liam Bennett, de Carmarthenshire, Gales, inventó una "donalchicha", un cruce de dos de sus comidas favoritas: una dona y una salchicha. Se parece a una salchicha, pero está rellena de mermelada o natilla.

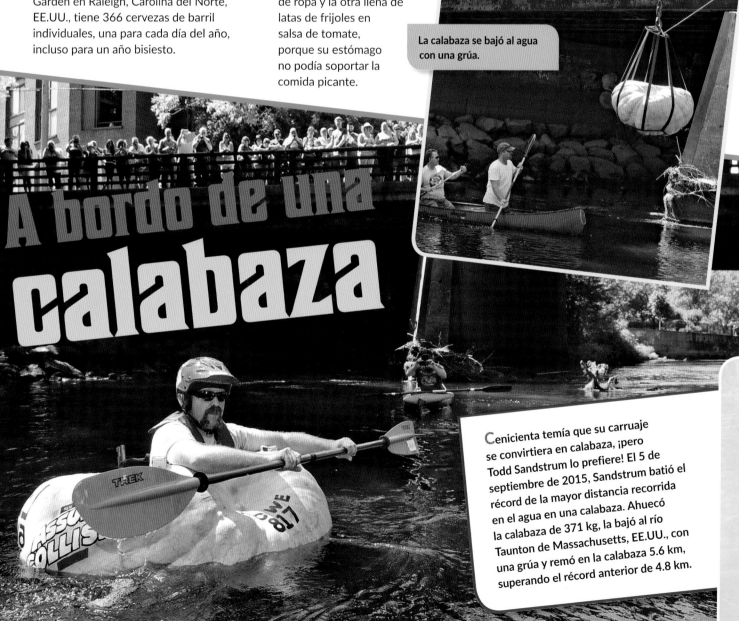

La calabaza se bajó al agua con una grúa.

A bordo de una calabaza

Cenicienta temía que su carruaje se convirtiera en calabaza, ¡pero Todd Sandstrum lo prefiere! El 5 de septiembre de 2015, Sandstrum batió el récord de la mayor distancia recorrida en el agua en una calabaza. Ahuecó la calabaza de 371 kg, la bajó al río Taunton de Massachusetts, EE.UU., con una grúa y remó en la calabaza 5.6 km, superando el récord anterior de 4.8 km.

FRESA ENORME En 2015, Koji Nakao, de Fukuoka, Japón, cultivó una fresa gigante de 8 cm de alto, 12 cm de largo y 250 g de peso, lo que la convierte en la fresa más pesada que se ha cultivado en el mundo en los últimos 30 años.

POSTRE CARO El Scoopi Café de Dubái vende un helado que cuesta 817 USD. Se llama "Black Diamond" y tiene helado de vainilla de Madagascar, azafrán iraní, trufas negras italianas y oro comestible de 23 quilates.

NEGOCIO FAMILIAR Allan Ganz, de Peabody, Massachusetts, EE.UU., ha vendido golosinas en un camión de helados durante casi 70 años. Comenzó a los 10 años, en 1947, con su padre Louis, que siguió vendiendo helado hasta los 86 años. La temporada de Allan va de abril a octubre, y solo se toma un día libre, su cumpleaños en julio. Maneja unos 112 km al día, y su camión ha recorrido más de 240,000 km.

JUGO DE TORPEDO Los marinos estadounidenses en el Pacífico en la Segunda Guerra Mundial bebían "jugo de torpedo" hecho de jugo de fruta y alcohol de grano de 90%, que se usaba como combustible de torpedos.

PUB FAVORITO En 2015, Des Pirkhoffer condujo 1,287 km desde su casa en Austria hasta Southampton, Inglaterra, solo para asistir a la reapertura de su pub preferido. Manejó 15 horas antes de pasar la noche en una tienda de campaña fuera del *Frog and Frigate*, donde había trabajado cinco años en la década de 1980.

PLATOS COMESTIBLES Los diseñadores belgas Hélène Hoyois y Thibaut Gilquin crearon una línea de tazones y platos comestibles, para no tener que lavar los platos después de comer. Están hechos de una mezcla de almidón de papa, agua y aceite.

CLIENTE LEAL Jack King, de Salt Lake City, Utah, EE.UU., comió en los restaurantes Benihana® 579 veces en 2014, a un costo total de unos 6,900 USD. Visitaba su sucursal local al menos una vez casi todos los días, y si estaba fuera de la ciudad, aprovechaba para comer en otras sucursales.

CERVEZA ANTIGUA Una botella de 140 años de la cerveza Allsopp's Arctic Ale hecha en Staffordshire, Inglaterra, para una expedición al Ártico en 1875 dirigida por Sir George Nares, se vendió en 2015 por 5,000 USD.

HAMBURGUESA DE RANA En 2015, el Orbi Yokohama Museum Café en Japón vendió hamburguesas de rana frita con lechuga, salsa picante y una rana entera, cuyas patas sobresalían por los lados del bollo.

OPERACIÓN DE SUSHI

Un examen escrito estándar no basta para hacer la prestigiosa residencia quirúrgica en el Hospital Central de Kurashiki, en Japón. Los candidatos deben completar tres tareas que requieren de un pulso firme y una gran concentración: hacer grullas de origami en miniatura con papel de 1.5 cm, volver a armar un insecto y crear pequeños rollos de sushi. ¡Deben hacer el rollo con un solo grano de arroz, usando únicamente escalpelo y pinzas!

CARNE DE HIPOPÓTAMO El ex presidente de Estados Unidos Theodore Roosevelt presentó un proyecto de ley en 1910 para importar hipopótamos africanos a los pantanos de Luisiana, para satisfacer la demanda de carne. La ley no se aprobó por un voto.

CABEZA DE RATA Cuando Terri Powis, de Buckinghamshire, Inglaterra, abrió una bolsa de espinacas congeladas del supermercado, encontró una cabeza de rata del tamaño de un pulgar, perfectamente conservada.

ANTOJO DE CHOCOLATE Emma Dalton, de Worcestershire, Inglaterra, puede comerse 20 huevos de chocolate Cadbury Creme Eggs® en 10 minutos, un total de 3,000 calorías, más de la ingesta recomendada de un día. Entrena comiendo 2 kg de chocolate todos los días.

LAGARTIJA MUERTA Cuando Muhammad Hussain y su esposa embarazada, Sanam, estaban cocinando en su casa en Birmingham, Inglaterra, abrieron una lata de tomates que acababan de comprar en un supermercado y encontraron una lagartija muerta en el interior.

ABRAZOS GRATIS Tim Harris, dueño de Tim's Place, que era un restaurante en Albuquerque, Nuevo México, EE.UU., daba abrazos gratis a sus clientes; de 2010 a 2015 dio más de 70,000 abrazos.

TRADUCTOR DE BARRIGA Domino's® Pizza creó la aplicación "Tummy Translator", que usa tecnología que aparentemente puede interpretar los crujidos del estómago para saber qué tipo de pizza se desea ordenar. Los usuarios seleccionan si están "sin mucha hambre", "con algo de hambre", "hambrientos" o "famélicos" antes de colocar el celular contra su estómago para que la aplicación pueda traducir sus crujidos y sugerir la pizza ideal para ellos.

Comida en el cielo

Elevados por una grúa y sujetos con cinturones de seguridad, estos comensales disfrutan de su comida a casi 30 m sobre el Centro internacional de exposiciones y convenciones Kunming Dianchi, en Kunming, China. El servicio de restaurante belga "Dinner In The Sky" lleva la experiencia culinaria a nuevas alturas. ¡La empresa ha suspendido sus mesas de 3 toneladas sobre más de 43 ciudades del mundo!

QUESOTE Cuando la reina Victoria de Gran Bretaña se casó en 1840, le regalaron una rueda de media tonelada de queso cheddar. Con más de 2.7 m de altura, una rebanada del queso era casi del doble de la estatura de la monarca, que medía 1.5 m.

PAPAS AÑEJAS Una porción de papas fritas de McDonald's® duró seis años sin enmohecerse, y se veía tan apetitosa en el bar de un hotel de Reykjavik, Islandia, que un cliente se las comió. Hjörtur Smárason las compró cuando los tres McDonald's islandeses cerraron sus puertas en 2009. Se exhibieron tres años en un museo, antes de mostrarse en el bar de su hotel local.

HELADO QUE PICA La heladería de Rehoboth Beach, Delaware, EE.UU., vende helado de *Naga Jolokia*, que es tan picante, que los clientes deben firmar una liberación de responsabilidad antes de comerlo. La salsa de *Naga Jolokia* es tan potente, que en algunas partes de la India se unta en los postes de cercas para alejar a los elefantes.

HAMBURGUESA VIEJA Casey Dean y Edward Nitz, de Adelaide, Australia, tienen una hamburguesa de McDonald's® de hace más de 20 años. Compraron una Quarter Pounder con queso para un amigo en 1995, pero como no se presentó, decidieron conservarla, y así sigue, en su envoltura original.

COMIDA DIVERTIDA Desde 2012, Anna Widya, de Hong Kong, ha usado huevos estrellados, frutas, salchichas y verduras para preparar desayunos artísticos y asegurarse de que sus tres hijos mayores tengan un comienzo saludable de su día. Usa un cortador de galletas y rollos de sushi para crear sus coloridos diseños, que incluyen cerdos sonrientes, sundaes y un retrato de Lady Gaga.

DONA DE 100 USD En 2015, la panadería Dolicious Donuts de Kelowna, Columbia Británica, Canadá, creó una dona de 100 USD hecha de hojuelas de oro comestible de 24 quilates, diamantes de azúcar comestibles, vinagre balsámico de chocolate añejado y una infusión de vino de hielo.

PAYS CALIFICADOS
Martin Tarbuck, de Wigan, Lancashire, Inglaterra, pasó dos años viajando por el Reino Unido para probar 400 pays salados y encontrar el mejor del país. Probó de todos tipos, de carne, pollo y hongos, y empanadas de Cornualles, y los calificó según el sabor, la textura, la presentación y el precio para su libro *Life of Pies*.

UN GRAN HONGO

Este hongo *Ganoderma lucidum* o Lingzhi silvestre gigante de 200 años de antigüedad fue descubierto en China en enero de 2015, y se llevó a un museo de piedras talladas. En la parte más ancha, mide más de 107 cm y pesa 7.44 kg. A los Lingzhis se les llama "hongos de la inmortalidad", y se han usado en la medicina tradicional china durante más de 2,000 años.

Qué mejor manera de hacer que los niños se interesen por las verduras que plantarlas en un inodoro! En la ciudad de Heze, China, un hombre cultiva hortalizas en su jardín de azotea en inodoros. Sí, cultiva las verduras en tazas de baño. Y siguiendo con el tema de los baños, este jardinero usa excremento humano, rico en nutrientes, como fertilizante, un método utilizado en China durante miles de años.

DEL BAÑO A LA MESA

QUESO DE ALCE En Suecia, el kilo de queso de alce cuesta más de 900 USD, porque es muy raro. Christer y Ulla Johansson están entre los pocos productores de este queso, y aunque tienen 14 animales, solo tres se pueden ordeñar, y solo de mayo a septiembre. Tardan hasta dos horas en ordeñar a un alce.

LABERINTO DE CHOCOLATE Como un homenaje a la película *Correr o morir*, la artista Prudence Staite, de Gloucestershire, Inglaterra, y el vlogger de YouTube Doug Armstrong, de Londres, construyeron un laberinto comestible con 4,640 palitos de chocolate. Usaron 10 kg de chocolate belga y tardaron 56 horas en completarlo. Medía 1.2 m x 1.2 m y contenía la friolera de 143,840 calorías, casi dos meses del consumo normal de calorías de una persona.

POPÓ DE GORILA En 2015, la cafetería de la Universidad de Kioto, en Japón, vendió un pastel de queso de edición limitada, hecho con excremento de gorila. Las bacterias extraídas de las heces de los gorilas se cultivaron en un laboratorio y se convirtieron en yogur, que se usó para hacer el pastel.

REINA DEL CATSUP Samantha Archer, de Londres, Inglaterra, se acaba 36 litros de catsup al año, más de 100 botellas. Lleva más de 25 años fascinada por el catsup, y consume un promedio de dos botellas a la semana, con un costo de 300 USD al año. Además de usarlo en cada comida, incluso con curry, ensaladas y queso, come sándwiches de catsup y cucharadas directamente de la botella.

CERVEZA UNTABLE El chocolatero italiano Pietro Napoleone y la cervecería Alta Quota colaboraron para crear la Birra Spalmabile, una pasta para untar con 40% de cerveza.

CHOCOLATE CARO Una sola barra de chocolate To'ak cuesta más de 250 USD. Para hacer este chocolate de lujo, solo se usa cacao de grado fino cultivado por 14 agricultores en la costa de Ecuador. Se necesitan 36 etapas para producir una barra, que se come con pinzas de madera, para poder apreciar plenamente el aroma del chocolate.

BAILE ZOMBI Un platillo preparado con sepia fresca puede "volver a la vida" si se le echa salsa de soya. Aunque el animal está muerto, el alto contenido de sal en la salsa causa una reacción en las células musculares aún activas del pescado y provoca espasmos, como un extraño baile zombi. Se sirve en restaurantes japoneses y le llaman "tazón de arroz de calamar bailarín".

BAR SUBMARINO El bar Clear Lounge® en la isla mexicana de Cozumel se encuentra bajo el agua en un tanque de acuario de 49,210 litros. Los visitantes llevan cascos de buceo claros que liberan oxígeno aromatizado con menta o cítricos, y pueden jugar juegos de mesa, disparar pistolas de burbujas o tomarse fotos en una cabina fotográfica submarina.

PARRILLADA DE LAVA Un grupo de geólogos de la Universidad de Syracuse en Nueva York, EE.UU., trabajó con el chef británico Sam Bompas para cocinar bisteces de 10 onzas sobre lava volcánica artificial, a una temperatura de 1,480 °C.

Banco de quesos

Desde 1953, Credito Emiliano, un banco de Reggio Emilia, Italia, ha ofrecido préstamos a pequeñas empresas a cambio de una curiosa garantía: queso parmesano. Credito Emiliano no se limita a usar el aromático queso parmesano como garantía: ¡la institución financiera también almacena y añeja las gigantescas ruedas! El queso se almacena en bóvedas climatizadas durante la vigencia del préstamo, lo que reduce los costos de operación de los productores y aumenta el valor del queso. Entre más se añeja el queso parmesano, más valioso se vuelve, casi como si estuviera acumulando intereses en la bóveda del banco. ¡Credito Emiliano tiene capacidad para almacenar 440,000 ruedas de queso de 36 kg!

BIBLIOTECA DE COCINA
Linda Deon, de San Bernardino, California, EE.UU., tiene una colección de más de 4,400 libros de cocina con recetas de todo el mundo. Los colecciona desde hace más de 25 años, y los más antiguos que tiene son del siglo XIX.

MONSTRUOS DE CALABAZA
Para Halloween, el granjero Tony Dighera, de Fillmore, California, EE.UU., cultivó 5,500 calabazas con la forma del monstruo de Frankenstein. Hizo los moldes él mismo y las vende en 75 USD cada una; tardó cuatro años en perfeccionar sus calabazas espectrales.

HOT CAKES DIVERTIDOS
Brek Nebel, de Marysville, Washington, EE.UU., prepara hot cakes de caricaturas para su hijo pequeño. Hace los contornos en una plancha fría con un palillo de comida oriental y masa de chocolate, y luego agrega masa de diferentes colores para dar vida a personajes como Super Mario®, un T. rex, un tiburón, un oso y Olaf, de la película *Frozen*.

BAJO TIERRA
Una granja subterránea equipada con sistemas de iluminación y riego produce una amplia variedad de cultivos en un búnker abandonado de la Segunda Guerra Mundial, muchos metros por debajo de las calles de Londres, Inglaterra.

Bollo gigante

Este enorme bollo cocido al vapor, que mide 2.6 m de ancho y pesa 1,367 kg, fue el centro de atención en un festival de comida en Qinhuangdao, China, el 24 de julio de 2015, ¡y estableció un récord mundial! Se necesitaron 25 cocineros y 13 horas para hacer este monstruo, ¡con 500 kg de relleno y 867 kg de harina! El bollo estaba relleno de 7,000 bollos pequeños cocidos al vapor, que se podían repartir fácilmente a los visitantes.

FORMA DE PIE El agricultor japonés Yukihiro Ikeuchi cosechó un rábano de 1.5 kg con forma de pie, del tamaño de un zapato del 12 y medio.

HUEVOS CENTENARIOS Robert Kerr, de Biggar, Escocia, tiene un par de huevos de Pascua de hace más de un siglo. Los hizo en 1912 su madre, Margaret McMeekan, junto con su hermana gemela Henrietta, y desde entonces siguen en la familia. Los huevos de chocolate eran una rareza en esos días, así que los niños más pobres solían pintar con té un huevo duro, para hacer su huevo de Pascua. Los nombres de las niñas y la fecha pueden verse aún en los cascarones intactos.

MANZANA GASEOSA El vivero suizo Lubera dedicó 10 años a crear Paradis Sparkling, una manzana que se siente como una bebida con gas en la boca.

TOMATE GIGANTE Dan MacCoy, de Ely, Minnesota, EE.UU., cultivó un tomate de 3.8 kg en 2014, el más pesado que se ha cultivado en casi 30 años, aunque por estar tan al norte, tuvo menos tiempo para crecer.

LICUADOS DE PANTONE Hedvig A. Kushner, directora de arte sueca que vive en Nueva York, EE.UU., mezcla licuados para recrear los diferentes tonos de las muestras de Pantone®. Ajusta los ingredientes para que correspondan exactamente a los colores individuales.

CA-CAFÉ

El Poop Café, en Insadong, Seúl, Corea del Sur, sirve pasteles con forma de popó y café caliente en tazas con forma de retrete. La decoración incluye murales con temas de baño, inodoros de piso convertidos en mini jardines e incluso "popós" de peluche.

JUGO DE RANA En su puesto de comida en Lima, Perú, María Elena Cruz sirve jugo de rana recién muerta, como un supuesto remedio para el asma, la bronquitis y la fatiga. Después de matar a las ranas, les quita la piel y las echa a una licuadora con zanahorias, raíz de maca y miel.

HORMIGAS EN LA COMIDA El restaurante Noma en Copenhague, Dinamarca, fue galardonado como el mejor del mundo en 2014, y tiene una lista de espera de 60,000 personas, aunque una de las especialidades del chef René Redzepi es filete a la tártara cubierto de hormigas muertas. En una residencia de dos meses en Japón, el menú de Noma también ofreció camarones sazonados con hormigas negras vivas.

UN BUEN TRABAJO The Down Café en Estambul, Turquía, emplea solo a gente con síndrome de Down. El dueño de la cafetería, Saruhan Singen, tiene una hija con síndrome de Down y quería encontrar la manera de dar a estos jóvenes confianza en sí mismos e independencia.

DOBLE USO Mediante injertos cuidadosos, la empresa británica de horticultura Thompson & Morgan ha creado lo que llama TomTato, una planta que produce tomates y papas. Produce tomates sobre el suelo y papas por debajo, y esto es posible porque los tomates son miembros de la familia de las papas.

CERVEZA DE LANGOSTA La empresa Oxbow Brewing de Newcastle, Maine, EE.UU., creó una nueva cerveza con sabor a langosta y sal de mar. Colocan langostas en una malla suspendida en un caldero de mosto hirviendo, que es el líquido que se extrae durante el proceso de elaboración de cerveza. Después de utilizarse en la cerveza, las langostas se comen.

DIETA PICANTE

Li Yongzhi come 2.5 kg de chile todos los días. Cultiva ocho variedades en el patio trasero de su casa en Zhengzhou, China.

HUEVO GIGANTE

Setenta cocineros en Bariloche, Argentina, crearon un huevo de Pascua hecho a mano de 8.5 m de alto, 6 m de diámetro y con 8,000 kg de chocolate. Era tan grande, que el alcalde de la ciudad tuvo que abrirlo con un pico.

MANJAR DE BORRICO

El queso Pule, el más caro del mundo a 2,000 USD el kilo, no proviene de vacas ni cabras, sino de burros de los Balcanes en peligro de extinción. Toda la leche proviene de un solo rebaño de 100 animales en una reserva natural de Serbia, y se necesitan 35 litros de leche de burro para hacer un kilo de queso. Por eso, solo se producen 90 kg de queso Pule cada año.

GALLETA DE LA FORTUNA

Daria Artem, de Los Ángeles, California, EE.UU., hizo una galleta de la fortuna más grande que la cabeza de una persona. La galleta gigante medía 27.5 cm de ancho, 17.5 cm de alto, 25 cm de profundidad y pesaba casi 900 g.

¡Tocino!

En algunas partes, al "TOCINO" se le dice panceta, tocineta o beicon.

"Top Shot" Dustin Ellermann, de Texas, EE.UU., cocina REBANADAS DE TOCINO envolviéndolas en el cañón de su rifle y ¡DISPARANDO 90 RONDAS RÁPIDAS!

En *Enrique IV, parte 1*, y en *Las alegres comadres de Windsor* de SHAKESPEARE se menciona el tocino.

De la cocina al lienzo →

El apellido del actor Kevin Bacon significa TOCINO, lo que ha inspirado varias obras, como un busto de tamaño natural hecho de trocitos de tocino por escultor Mike LaHue y un retrato, también de tocino, obra de Jason Mecier.

Algunos historiadores creen que el tocino hecho de CERDOS JÓVENES era el FAVORITO de los antiguos romanos y griegos.

Cuando llegó a Britania en el año 55 a.C., JULIO CÉSAR llevó su propio tocino.

Se supone que la rana verde de Norteamérica croa como si dijera "TOCINO FRITO" en inglés.

¡El estado de New Hampshire en Estados Unidos vende tarjetas de lotería de "RASCAHUELE" con olor a tocino!

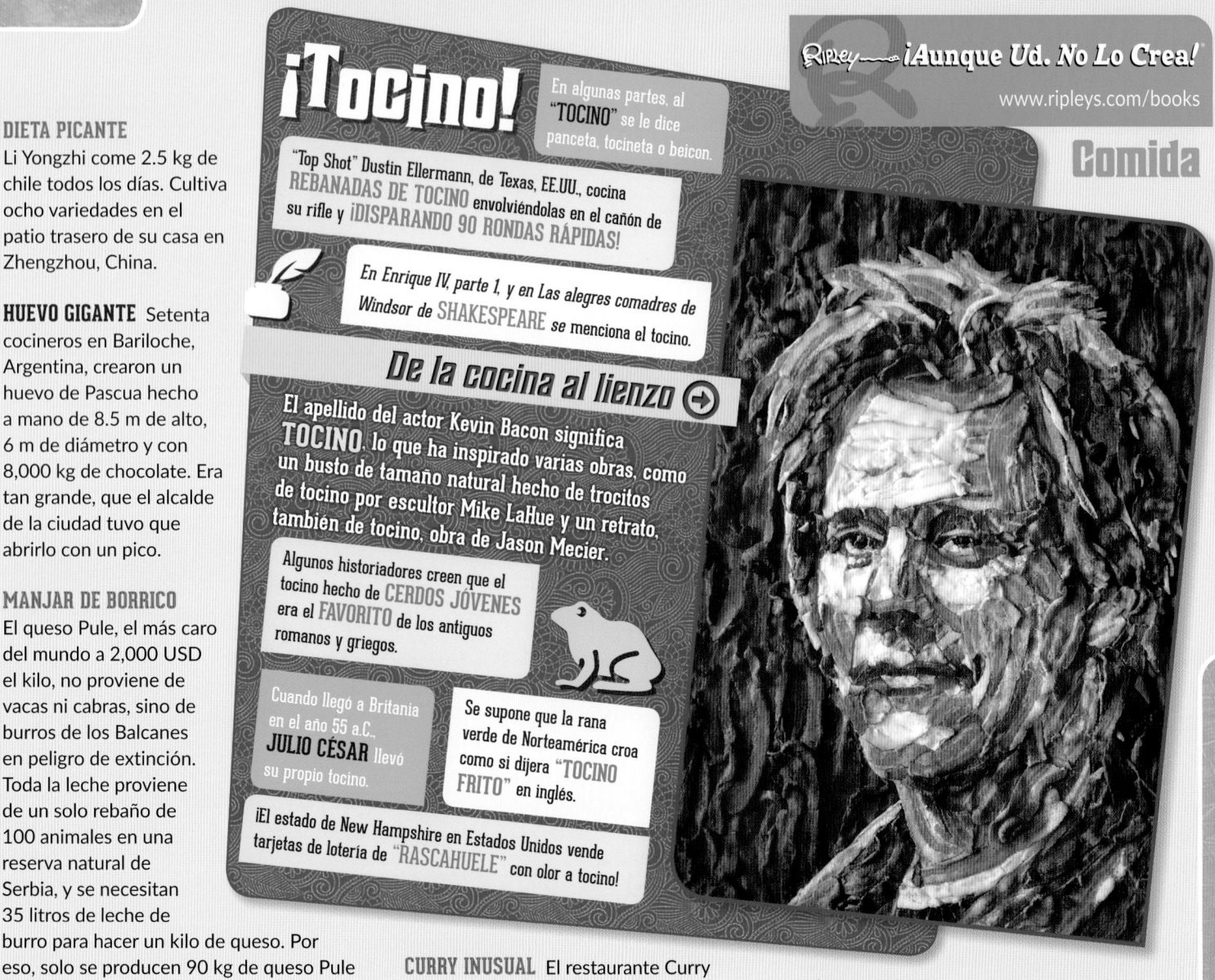

CURRY INUSUAL El restaurante Curry Shop Shimizu en Tokio, Japón, sirve un curry preparado para que sepa a... popó. Esta "obra" del actor y restaurantero Ken Shimizu obtiene su sabor amargo de la combinación de té verde con calabacín amargo (*goya*), y su color de estiércol se logra con cocoa y agua. Para el completar el efecto, se sirve en un tazón con forma de retrete.

PÉRDIDA DE PESO El profesor de ciencias John Cisna, de la secundaria Colo-Nesco en Colo, Iowa, EE.UU., solo comió comida de McDonald's® durante seis meses, un total de 540 comidas, y supuestamente bajó 27 kg.

ALGA-TOCINO Científicos de la Universidad Estatal de Oregon desarrollaron una cepa de algas que sabe a tocino. La crearon usando dulse, un alga comestible silvestre que crece en la costa del Pacífico de Estados Unidos; parece una lechuga roja translúcida, pero cuando se fríe tiene un sabor salado.

DE VUELTA EN EL PUB Cyril Smeeth devolvió un vaso a un pub en Plymouth, Devon, Inglaterra, 74 años después de que se lo llevó. Entró al West Hoe en abril de 1941 por un vaso de oporto para su esposa antes de salir a patrullar, pero esa noche los bombarderos alemanes destruyeron el pub, por lo que no pudo devolver el vaso al día siguiente, como tenía pensado. Finalmente, en 2015, su hija Inez Jordan, de 77 años, llevó el vaso grabado al pub reconstruido.

GALLETA DEL TITANIC

Esta galleta "Pilot" de Spillers and Bakers sobrevivió al malhadado viaje del Titanic, en el que murieron más de 1,500 personas cuando "el barco que no se podía hundir" chocó contra un iceberg. La galleta era parte de un kit de raciones de los botes salvavidas del trasatlántico. James Fenwick, un pasajero del SS *Carpathia*, que llegó al rescate del Titanic, guardó la galleta y la conservó durante años en un sobre fotográfico etiquetado. Se vendió en una subasta en Henry Aldridge & Son, en Devizes, Wiltshire, Inglaterra, por 23,000 USD, lo que la convierte en la "galleta más cara del mundo".

SPILLERS & BAKERS

PILOT

Menú especial

MENÚ

25 de diciembre de 1870
DÍA 99 DEL SITIO

Aperitivos:
Mantequilla, rábanos, cabeza de burro rellena,
sardinas

Sopas:
Frijoles machacados con crutones
Caldo de elefante

Plato principal:
Camello frito con gobios estilo inglés
Estofado de canguro
Chuletas de oso asadas con salsa de pimienta

Asados:
Pierna de lobo en salsa de venado
Gato con guarnición de rata
Ensalada de berro
Terrina de antílope con trufas
Champiñones estilo Burdeos
Chícharos con mantequilla

Plato dulce:
Arroz con leche y mermelada

Postre:
Queso Gruyère

VINOS

1er servicio	2do servicio
Xeres	Mouton Rothschild 1846
Latour Blanche 1861	Romanée Conti 1858
Ch. Palmér 1864	Bellenger enfriado
	Grand Porto 1827

Café y licores

MENU

25 DÉCEMBRE 1870
99ᵐᵉ JOUR DU SIÈGE

Hors-d'Œuvre :
Beurre, Radis, Tête d'Ane Farcie, Sardines

Potages :
Purée de Haricots rouges aux Croûtons
Consommé d'Eléphant

Entrées :
Goujons frits. - Le Chameau rôti à l'anglaise
Le Civet de Kangourou
Côtes d'Ours rôties sauce Poivrade

Rôts :
Cuissot de Loup, sauce Chevreuil
Le Chat flanqué de Rats
Salade de Cresson
La Terrine d'Antilope aux truffes
Cèpes à la Bordelaise
Petits-Pois au Beurre

Entremets :
Gâteau de riz aux Confitures

Dessert :
Fromage de Gruyère

VINS

1er Service
Xérès
Latour Blanche 1861
Ch. Palmer 1864

2me Service
Mouton Rothschild 1846
Romanée Conti 1858
Bellenger frappé
Grand Porto 1827

CAFÉ & LIQUEURS

En 1870, durante la guerra franco-prusiana, París quedó enteramente rodeado por las fuerzas enemigas. Su objetivo era crear una hambruna para someter a los franceses. Los parisinos tuvieron que comer gatos, perros, roedores y, antes de que terminara la guerra, unos 70,000 caballos. Por la desesperación, el zoológico del norte de París Jardin d'Acclimatation tomó una decisión desconcertante: vendió sus animales al restaurante Voisin, del Chef Alexandre Etienne Choron, el más famoso de la época, ¡que luego preparó una exótica cena de Navidad de seis platos para sus clientes!

Máquina misteriosa

Comida

En el barrio Capitol Hill de Washington, en Seattle, EE.UU., en la esquina de East John Street y 10th Avenue East, hay una máquina de refrescos antigua cuyos seis botones solo dicen "misterio". Siempre está abastecida, y durante décadas, ¡nadie ha podido averiguar quién está detrás de esta azucarada conspiración!

OJO DE TIBURÓN Keku'l'apoiwa II, la madre del rey Kamehameha de Hawái del siglo XVIII, se comió el globo ocular de un tiburón tigre durante su embarazo para asegurarse de que su hijo se convirtiera en un poderoso líder.

JABÓN SABROSO Mientras estaba embarazada, Jess Gayford, de Bristol, Inglaterra, tuvo antojo de jabón. Comenzó lamiendo una barra de jabón, y le gustó tanto el sabor, que empezó a comer regularmente botellas de jabón líquido.

CATADOR DE TÉ Sebastian Michaelis, especialista en mezclas de té de la empresa británica Tetley®, aseguró sus papilas gustativas en 1.4 mdd. El equipo de especialistas de Tetley prueba 40,000 tazas de té a la semana.

ARENQUE EXPLOSIVO El *surströmming* o arenque fermentado del Báltico es un manjar en el norte de Suecia, pero huele tan mal que está prohibido en edificios de departamentos en Estocolmo y en muchas aerolíneas. A veces también explotan, y si eso sucede en un supermercado, normalmente hay que evacuar toda la tienda. En 2014, un incendio en un almacén sueco que contenía 1,000 latas de surströmming causó explosiones que duraron seis horas y lanzaron latas a los alrededores.

LÍNEA DE TACOS En Guadalajara, México, unos chefs crearon una línea de tacos que medía 3 km de extremo a extremo. Más de 130 personas pasaron seis horas construyendo la línea de tacos con 1,180 kg de cerdo y 1,090 kg de tortillas.

Comida tallada

El que le hinque el diente a este banquete, ¡terminará con algunos dientes astillados! Estos manjares fueron tallados a mano en jade por Zhang Shuzhang y su esposa Zhang Yuchun, que tardaron cuatro años y medio en hacer 120 platos, ¡desde ravioles *dim sum* hasta una cabeza de puerco! Se exhibieron en Hangzhou, China, el 27 de septiembre de 2015, ¡y se calcula que las piedras usadas tienen un valor de más de 3 mdd!

10 Difícil de creer

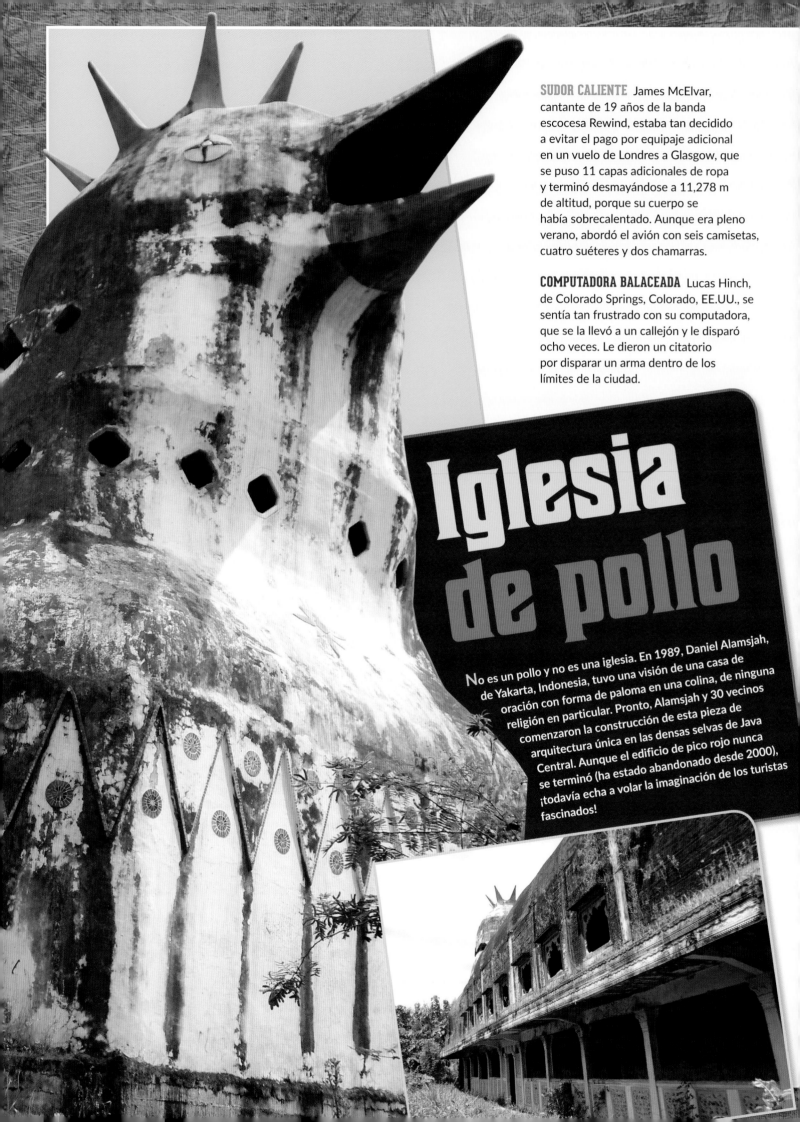

SUDOR CALIENTE James McElvar, cantante de 19 años de la banda escocesa Rewind, estaba tan decidido a evitar el pago por equipaje adicional en un vuelo de Londres a Glasgow, que se puso 11 capas adicionales de ropa y terminó desmayándose a 11,278 m de altitud, porque su cuerpo se había sobrecalentado. Aunque era pleno verano, abordó el avión con seis camisetas, cuatro suéteres y dos chamarras.

COMPUTADORA BALACEADA Lucas Hinch, de Colorado Springs, Colorado, EE.UU., se sentía tan frustrado con su computadora, que se la llevó a un callejón y le disparó ocho veces. Le dieron un citatorio por disparar un arma dentro de los límites de la ciudad.

Iglesia de pollo

No es un pollo y no es una iglesia. En 1989, Daniel Alamsjah, de Yakarta, Indonesia, tuvo una visión de una casa de oración con forma de paloma en una colina, de ninguna religión en particular. Pronto, Alamsjah y 30 vecinos comenzaron la construcción de esta pieza de arquitectura única en las densas selvas de Java Central. Aunque el edificio de pico rojo nunca se terminó (ha estado abandonado desde 2000), ¡todavía echa a volar la imaginación de los turistas fascinados!

El día 15 del Año Nuevo chino, la ciudad de Singkawang, Indonesia, celebra el Cap Go Meh ¡y sí que cobra vida! Lo que hace tan especial esta celebración es el desfile de Tatung, un ritual tradicional en el que se rechazan los malos espíritus para evitar desgracias durante el resto del año. Durante el Tatung, los participantes entran en un estado de semitrance y realizan actos tan impactantes como cortarse la lengua, pararse sobre espadas y perforarse las mejillas con alambre.

CAP GO MEH

PROBLEMA DE IDENTIDAD Un francés borracho trató de darle respiración de boca a boca a un bote inflable que había confundido con una persona que se estaba ahogando. Llamó a los servicios de emergencia a la playa en Vannes, Bretaña, pero cuando llegaron, lo encontraron realizando RCP al bote.

LADRÓN ADORMILADO Después de entrar a robar una casa en Pontypool, en el sur de Gales, Matthew Waters se comió un envase completo de helado del congelador y luego se quedó dormido en la recámara, por lo que cuando el dueño regresó, pudo proporcionar a la policía una descripción detallada.

SOY MI NOVIA Ayan Zhademov, de 20 años, se puso una larga peluca negra, maquillaje y ropa de su novia y trató de hacer un examen importante por ella en Zhetisai, Kazajstán. Sin embargo, los examinadores lo descubrieron cuando trató de hablar con voz aguda.

VESTIDO Y ALBOROTADO Cuando Jugal Kishore sufrió un ataque epiléptico en la mañana del día de su boda y lo llevaron a un hospital, su futura esposa, Indira, decidió que en lugar de cancelar la ceremonia hindú en Rampur, India, se casaría con el cuñado de su hermana, Harpal Singh. La sustitución provocó una pelea y varios invitados fueron arrestados.

SERVICIO DE ROMPIMIENTO Para las personas que odian la incómoda tarea de terminar una relación, Kristy Mazins, de Melbourne, Australia, lo hace por ellos. Tiene un servicio cuyo nombre en inglés quiere decir "Lo siento, se acabó", y por una módica suma, envía un mensaje de disculpa por texto, correo electrónico, carta o por teléfono.

NADA QUE VER Un jurado de la ciudad de Nueva York, EE.UU., otorgó una compensación de 95,000 USD a un agente de bienes raíces llamado James Ferrari, luego de que su Ferrari deportivo fuera incautado y subastado por la policía.

ENVÍO DE AUTOSERVICIO Después de competir en la Gran Bretaña a finales del verano de 1964, el lanzador de jabalina Reg Spires no pudo pagar el boleto de avión de vuelta a su Australia natal, por lo que se envió a sí mismo en una caja de madera. Con la ayuda del lanzador de jabalina británico John McSorley, Spires construyó una caja de 1.5 m x 0.9 m x 0.75 m y se metió en ella con un par de latas de duraznos y un poco de jugo de fruta para el vuelo de 20,900 km. McSorley lo llevó al aeropuerto de Heathrow, escribió "COD" en la caja y la cargó en un avión que iba a Perth, con escala en la India. Tres días más tarde, Spires aterrizó en Australia, salió de la caja en la oscuridad y viajó de aventón hasta su casa en Adelaide. ¡Recorrió la mitad del mundo gratis!

FIESTA DE ESQUELETOS Un hombre que buceaba en el río Colorado en Cienega Springs, Arizona, EE.UU., encontró dos esqueletos falsos con anteojos de sol, sentados en sillas de jardín, a 12 m bajo el agua. Las sillas estaban atadas a grandes rocas para mantenerlas en su lugar.

CAMP CASSADAGA

El campamento espiritista de Cassadaga tiene un origen misterioso. A finales del siglo XIX, el médium de 27 años George P. Colby recibió la orden de su guía espiritual, un nativo americano llamado Séneca, de llevar el espiritismo a Florida. Séneca le dijo a Colby que buscara un área con "colinas bajas y lagos conectados", y la encontró en lo que ahora se conoce como Cassadaga.

Desde 1894

Al entrar en el tranquilo pueblo de Cassadaga, Florida, EE.UU., se siente la paz, pero también la inquietud. Entre la inusual arquitectura y el ominoso musgo que cuelga de las copas de los árboles, los residentes de Cassadaga se comunican con sus difuntos.

Y es que en Cassadaga Camp, como se le llamaba antes, viven médiums. Afirman usar diferentes sentidos o habilidades para comunicarse con los espíritus. Usan la audición (clariaudiencia), la visión (clarividencia), el conocimiento (claricognición) y el sentimiento (clarisentencia) para canalizar mensajes de los espíritus, como un puente entre el mundo espiritual y el físico.

Silla del diablo

Cerca de Cassadaga está el lugar donde yace George Colby, el cementerio Lake Helen, pero Colby no es la atracción principal. Según la leyenda de la Silla del diablo, que se muestra aquí, si uno se sienta en este trono de ladrillo a medianoche, el mismísimo diablo le hablará. Sin embargo, el reverendo Louis Gates, que es médium y vive en el pueblo desde hace mucho, aclara: "Inventamos esa historia cuando éramos niños", dijo. En realidad, la silla la hizo un hombre afligido que había perdido inesperadamente a su esposa. Caminaba desde Cassadaga para visitar la tumba todos los días, y solo quería un lugar para sentarse.

Hermanas espiritistas

Difícil de creer

Aunque usted no lo crea, la ciencia, la filosofía y la religión del espiritismo pueden atribuirse a tres jóvenes: Leah, Maggie y Kate Fox. En 1848, en el dormitorio de su hogar en Hydesville, Nueva York, EE.UU., estas hermanas supuestamente se comunicaban con los espíritus mediante secuencias de golpes y toques. Se convirtieron rápidamente en una sensación; se fueron de gira y atraían a grandes multitudes de creyentes y escépticos que nunca encontraron ninguna evidencia de trucos.

En la década de 1920, algunos magos como Harry Houdini comenzaron a demostrar que podían replicar lo que los médiums hacían. A pesar de su incredulidad, después de la muerte de su madre, Houdini buscó la ayuda de un médium.

ENCOUNTER THE SPIRIT
GUIDED Walking Tours
Week Days & Saturdays
FEEL THE ENERGY of CASSADAGA!
SATURDAY NIGHT TOUR with ORB PHOTOGRAPHY
Ticket Sales in Book Store

Andrew Jackson Davis Building
Certified
MEDIUMS & HEALERS
BOOKS · GIFTS
Information
REST ROOMS

Do Spirits Return?
HOUDINI
SAYS NO — AND PROVES IT
3 SHOWS IN ONE
MAGIC-ILLUSIONS-ESCAPES=FRAUD MEDIUMS EXPOSED
LYCEUM THEATRE
PATERSON
THURS. FRI. SAT. SEPT. 2.3.
MATINEE SAT.

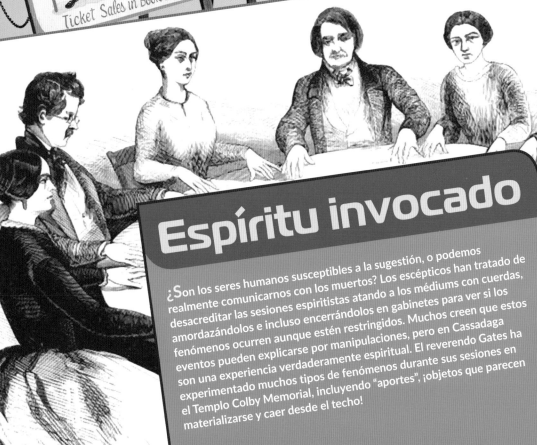

Espíritu invocado

¿Son los seres humanos susceptibles a la sugestión, o podemos realmente comunicarnos con los muertos? Los escépticos han tratado de desacreditar las sesiones espiritistas atando a los médiums con cuerdas, amordazándolos e incluso encerrándolos en gabinetes para ver si los fenómenos ocurren aunque estén restringidos. Muchos creen que estos eventos pueden explicarse por manipulaciones, pero en Cassadaga son una experiencia verdaderamente espiritual. El reverendo Gates ha experimentado muchos tipos de fenómenos durante sus sesiones en el Templo Colby Memorial, incluyendo "aportes", ¡objetos que parecen materializarse y caer desde el techo!

Las ruinas de la escuela del asentamiento todavía pueden verse en la actualidad.

Reaparece un pueblo sumergido

La heladería de St. Thomas, que ahora está rodeada de conchas de almeja.

La mayor presa artificial de Estados Unidos recientemente perdió más de la mitad del agua, y reveló algunos de los secretos mejor guardados del Lejano Oeste. El lago Mead, en Nevada, tiene una línea de flotación alta a 375 m sobre el nivel del mar, pero la sequía de 2015 drenó gran parte del lago, y apareció así un misterioso pueblo fantasma del siglo XIX.

Fundado en 1865, el asentamiento mormón de St. Thomas estaba situado en lo que más tarde se convertiría en el lago Mead. Cuando terminó la construcción de la Presa Hoover en 1936, el área alrededor del pueblo comenzó a llenarse de agua y desplazó gradualmente a los residentes. En junio de 1938, el último residente de St. Thomas se fue de su casa. El alguna vez próspero pueblo quedó sumergido y en el olvido. Con el lago Mead en su punto más bajo en más de 40 años, St. Thomas está saliendo de su tumba de agua. Se espera que el pueblo permanezca expuesto al menos durante los próximos dos años, pero el lago podría volver a llenarse y sumergirlo de nuevo.

Difícil de creer

MISIL DE MANGO Marleny Olivo fue recompensada con una nueva casa después de golpear al presidente venezolano Nicolás Maduro en la cabeza con un mango. Desesperada por una vivienda, le lanzó la fruta con el mensaje: "Si puede me llama", junto con su nombre y número de teléfono. En respuesta, prometió encontrarle un departamento y comerse el mango.

ACCIDENTE INSÓLITO Larry McElroy, del condado de Lee, Georgia, EE.UU., le disparó accidentalmente a su suegra, Carol Johnson, después de que la bala rebotó en un armadillo. La munición de 9 mm mató al armadillo, atravesó una barda, viajó 90 m y entró por la puerta trasera de la casa móvil de la Sra. Johnson, pasó a través de la mecedora en la que estaba, y la hirió en la espalda. La herida no fue de gravedad.

OBSESIÓN POR LAS SERPIENTES Sandeep Patel, de 27 años, trató de casarse con una cobra en Badwapur, India, en 2015, porque estaba convencido de que el reptil venenoso había sido una mujer hermosa en una vida anterior. Al parecer, ha exhibido comportamientos de serpiente desde su infancia; chasquea la lengua como una y afirma que puede convertirse en serpiente de noche, al entrar en un profundo trance.

SE BUSCA DOBLE Renato Tronco Gómez, un político de Veracruz, México, lanzó un concurso en Facebook para encontrar a un doble que pudiera asistir a eventos oficiales en su lugar cuando él mismo estuviera ocupado. Además de un premio de 40,000 pesos, Gómez prometió enseñar al ganador a hablar y actuar como él.

CUBIERTO DE POPÓ Para evitar que la policía de Wilkes-Barre, Pensilvania, EE.UU., lo arrestara por ebriedad en la vía pública, un hombre de 45 años se tiró al suelo y se revolcó en excremento de perro. De todos modos se lo llevaron a la cárcel.

DISFRAZ DE CHOCOLATES Doce amigos fueron de un pub a otro en Navidad en Dublín, Irlanda, vestidos como barras de chocolate de Cadbury®. Dos miembros del grupo habían viajado desde Australia, y otro más desde Canadá. Los trajes hechos a mano fueron idea de Aaron Johnston, que dirige una empresa de acondicionamiento físico, y que fue vestido como una barra de Crunchie.

SE BUSCA ACTOR En julio de 2015, la policía estadounidense arrestó a un fugitivo que habían estado buscando varios meses después de que vieron su foto en un reportaje sobre una película de terror de bajo presupuesto en la que aparecía. El ladrón de bancos y actor Jason Strange fue arrestado en Olympia, Washington, después de que los agentes lo encontraron donde se estaba filmando la película *Marla Mae*. Lo habían sentenciado a 117 meses de prisión en 2006, y en 2014 se expidió una orden de aprehensión en su contra después de que dejó de ir a un centro de rehabilitación cerca de Spokane.

BOCADILLO DE PAPEL Jade Sylvester, de Lincolnshire, Inglaterra, se come un rollo de papel de baño todos los días. Su extraño antojo comenzó cuando estaba embarazada de su hijo menor, Jaxon, en 2013; tenía dos rollos en el baño en todo momento, uno para uso normal y el otro para comer. Dice que le gusta la textura y no el sabor del papel.

Hospital de muñecas

En la Praça da Figueira en Lisboa, Portugal, está el hospital de muñecas más antiguo del mundo, el Hospital de Bonecas, fundado en 1830. Aquí, costureras y artesanos se convierten en cirujanos y enfermeras para reparar tesoros de la infancia, desde osos de peluche hasta muñecas de porcelana de gran valor. Los estantes están llenos de brazos, piernas, torsos, cabezas y ojos, listos para cualquier paciente que llegue.

ENORME PIE

El chino Liu Huichang, de 21 años, sufre de lo que se conoce como gigantismo local; recientemente se sometió a una cirugía para reducir el tamaño de su enorme pie derecho, que medía 43 cm de largo y 14 cm de espesor, el equivalente de un zapato del 44. Liu decidió someterse a la cirugía no solo para sí mismo, sino también por su abuela, que le había cosido zapatos a mano durante los últimos 16 años.

BARBA SUCIA Un estudio realizado por microbiólogos de Nuevo México, EE.UU., mostró que debido a que el vello facial puede recoger grandes cantidades de bacterias rancias, algunas barbas contienen más materia fecal que un inodoro.

PÉRDIDA DE MEMORIA Después de un accidente de coche en 2010, Candace Emptage, de 36 años, del condado de Durham, Inglaterra, estuvo en coma seis semanas, y cuando despertó, estaba convencida de que tenía 22 años y era 1996. Cuando abrió los ojos, confundió un iPhone® con un artilugio de la era espacial, pensaba que Michael Jackson todavía estaba vivo y había olvidado que tenía una hija, Maddie.

GUSANOS DE ENCÍAS Cuando Ana Cardoso, de 10 años, se quejó de una sensación de hormigueo en las encías y de cosas "que se movían", la llevaron a una clínica en Brasilia, Brasil, donde el dentista descubrió 15 gusanos que vivían en su boca. Las larvas de mosca probablemente se alimentaban de lo que ella comía; esto se llama miasis oral.

FIEBRE DE ORO Después de que llevaron a un hombre de negocios de 63 años a un hospital en Delhi, India, que se quejaba de vómitos y estreñimiento, los cirujanos encontraron en su estómago 12 barras de oro pequeñas, con un peso total de 400 g.

AROMA DE PATA La compañía japonesa de productos de belleza Felissimo diseñó una crema de belleza que deja las manos con olor a patas de gato, que los dueños de mascotas consideran relajante.

TUMOR ENORME Kapleshwar Lal Das, de 66 años, de Delhi, India, se sometió a una operación de cinco horas para extirparle un tumor en el riñón. Era del tamaño de una sandía, y pesaba lo mismo que 5 bolsas de un kilo de azúcar.

LADRÓN INCOMPETENTE En 2015, el ladrón frustrado Rory Seager huyó con las manos vacías de un negocio de apuestas en Essex, Inglaterra, cuando no pudo convencer al cajero de que la lata de sardinas que llevaba era una bomba.

Reto del ombligo

Un sitio web chino en el que las personas, incluso las famosas, ponen selfies de sus intentos de tocarse el ombligo pasando la mano por la espalda, recibió más de 130 millones de visitas en 24 horas en Weibo, un sitio de redes sociales chino. Si una persona completa con éxito el "desafío del ombligo", se supone que tiene una buena figura. Sin embargo, los expertos dicen que esto no necesariamente indica un cuerpo en forma, sino que solo muestra que algunas personas tienen brazos largos o son muy flexibles.

RENACIMIENTO VICTORIANO

Difícil de creer

Sarah Chrisman y su esposo Gabriel viven en Port Townsend, Washington, EE.UU., en una casa construida en 1888, donde se siente como si el tiempo se hubiera detenido. La pareja se ha propuesto vivir como en la era victoriana. Todo comenzó con una "colección" de ropa de la época, pero ahora han ido más allá de solo vestirse a la antigua. Aunque admiten que es difícil vivir sin las comodidades modernas, tratan de limitarse a las tecnologías del siglo XIX. Van al pueblo en bicicletas de rueda alta, se bañan con jabón de Castilla creado por una empresa que se fundó en 1839 y se cepillan los dientes con cepillos hechos de cerdas de jabalí. Cuando un aparato moderno, como su refrigerador, se descompone, lo reemplazan con algo más típico de la época, como una nevera. Sarah y Gabriel, historia viviente.

PREGUNTA

Ripley les pidió a estos viajeros en el tiempo que nos contaran más.

P *Gabriel, ¿de dónde viene tu fascinación con la era victoriana?*

R *A Sarah le encanta la estética de la época victoriana desde que tiene memoria. Yo estudié historia y bibliotecología en la universidad, y me atrajo mucho la tecnología y la vida cotidiana de finales del siglo XIX. Ambos nos preguntábamos qué errores habría en la concepción "moderna" de la época victoriana, y comenzamos a reunir objetos cotidianos de la época, para usarlos y aprender de ellos.*

P *¿E Internet? ¡No creo que puedan evitarlo!*

R *Nuestra regla de oro es que si algo de la época victoriana todavía existe y podemos usarlo, lo hacemos, pero a veces toda una infraestructura ha desaparecido. Por ejemplo, si estuviéramos haciendo esta entrevista en 1890, tal vez estaríamos usando el telégrafo. Ahora debemos usar el equivalente moderno más cercano, Internet.*

P *¿Cómo es su dieta?*

R *Sarah hornea todo nuestro pan usando masa prefermentada que mantenemos borboteando constantemente en un rincón de la cocina. Para mantener la masa, tenemos que alimentarla todos los días; ¡es casi como una mascota! Debido a que el pan casero se echa a perder rápidamente, una buena parte de nuestra dieta consiste en lo que llamamos "el ciclo de vida de la comida victoriana". Lo usamos en recetas de libros de cocina antiguos para crear platos como el "Welsh rabbit", que lleva pan rancio horneado en salsa de queso. También comemos muchos alimentos de temporada, y recogemos bayas silvestres en verano y ortigas en primavera.*

P *¿Cuáles son tus pasatiempos, Sarah?*

R *Exploramos el mundo natural casi como hacían los victorianos. Por ejemplo, nos gusta caminar, recolectar fósiles y visitar viveros y jardines botánicos. También nos encanta andar en bicicleta. Gabriel tiene tres bicicletas de rueda alta, y yo tengo un triciclo de rueda alta, que es una copia de un triciclo Rudge Rotary Roadster para mujeres de cerca de 1885, que pesa unos 34 kg.*

Marfil triturado en Times Square

En todo el mundo, se han destruido más de 50 toneladas de marfil gracias a eventos similares en Kenia, Hong Kong, Beijing y Bélgica.

Con una trituradora de rocas de 22,000 kg que resopla y muele en una de las intersecciones más concurridas del mundo, el mensaje es claro: el comercio ilegal de marfil debe terminar. Desde colmillos hasta pequeños dijes, el Servicio de Pesca y Vida Silvestre de Estados Unidos trituró en la ciudad de Nueva York en junio de 2015 casi una tonelada de marfil confiscado.

Times Square recibe visitantes de todo el mundo, por lo que es un lugar estratégico para crear conciencia, ya que el comercio ilegal de marfil se ha duplicado en todo el mundo desde 2007. Se calcula que los cazadores furtivos matan 50,000 elefantes africanos cada año por su marfil.

El marfil triturado, combinado con otras seis toneladas que se destruyeron en 2013 en Denver, Colorado, se usará para crear un monumento a los elefantes.

Difícil de creer

VACACIONES EN FRANCIA Li Jinyuan, el CEO multimillonario del conglomerado chino Tiens, celebró el aniversario 20 de la empresa dándoles a 6,400 de sus mejores vendedores unas vacaciones en Francia. Se reservaron 4,700 cuartos de hotel y 146 autobuses para los afortunados empleados, y el viaje costó cerca de 20 mdd.

ANILLO PERDIDO Más de 70 años después de que el sargento de la RAF John Thompson, de Derbyshire, Inglaterra, desapareció en una misión secreta en la Segunda Guerra Mundial, le devolvieron su anillo de bodas a su hermana Dorothy Webster, de 92 años. Un hombre en Albania encontró el anillo del piloto, que tenía una inscripción, y su familia finalmente localizó al dueño legítimo.

DIENTES DE LA SUERTE Para darle buena suerte a su equipo favorito de futbol inglés, el Walsall FC, Jason Bailey lleva los dientes postizos de su difunto padre a cada partido local. Los pone en su bolsillo envueltos en un viejo pañuelo, y antes de juegos importantes incluso los besa para tener más suerte.

COME DORMIDA Kate Archibald, estudiante de la Universidad de Aberdeen en Escocia, se comió una vez una rueda entera de queso cheddar dormida. Se preguntaba por qué seguía engordando, hasta que le diagnosticaron síndrome del comedor nocturno, un trastorno en el que su cuerpo ansía comer a mitad de la noche. Se levantaba dormida para ir a la cocina y atracar el refrigerador.

COMIDA DE PRISIÓN Lamont Cathey, prisionero en la cárcel del condado de Cook en Illinois, EE.UU., terminó en el hospital 24 veces en 16 meses por comerse partes de su celda. Se tragó tornillos, alfileres y correas de cuero de la cama, una cámara y equipo médico, y acumuló más de 1 mdd en cuentas médicas.

SUPERVIVIENTE MAYOR Funchu Tamang, de 101 años, fue rescatado vivo de los escombros de su casa después de siete días del devastador terremoto que azotó Nepal en abril de 2015. Solo tenía heridas leves en la mano y el tobillo.

TIGRE FALSO Un transeúnte alarmado llamó al 911 para reportar que vio un tigre de Bengala sobre un vehículo en el lago Lacamas, Washington, EE.UU., pero cuando la policía investigó, vio que no era nada más peligroso que un muñeco de peluche. Connor Zuvich lo había encontrado entre las bolsas de basura en el lago y decidió sujetarlo con correas al techo de su camioneta.

TRADICIÓN DE CUMPLEAÑOS Los hermanos Ron y Jeff Methier, de Arizona, EE.UU., se han enviado la misma tarjeta de cumpleaños de Peanuts™ cada año desde 1973. Solo escriben su nombre en la tarjeta, excepto en 1982 y 2010, cuando Ron envió la tarjeta, pero se le olvidó firmarla.

¿CÓMO DIJO? Cuando un repostero de Gangi, Sicilia, Italia, escuchó mal una orden, a una niña de nueve años le dieron un pastel de cumpleaños que en vez de estar adornado con un pony rosado con melena azul, tenía un cantante de cabello oscuro de los años sesenta con una chaqueta blanca. Los padres de la niña habían pedido un pastel de My Little Pony®, pero la pastelería pensó que querían a Little Tony, un intérprete italiano con el estilo de Elvis Presley.

DISFRAZ DE HOMBRE Desde que perdió a su esposo cuando tenía 21 años y estaba embarazada, Sisa Abu Daooh, de Luxor, Egipto, ha pasado más de 40 años disfrazada de hombre, para poder ganar lo suficiente para mantener a su hija y a sus nietos. Trabajó como jornalera durante años, y ahora trabaja como bolera, todo el tiempo vestida de hombre, porque su cultura local no ve con buenos ojos a las mujeres que trabajan.

WINDSURF SOLITARIO En 2015, esquivando transbordadores, remolinos y rocas peligrosas, Jono Dunnett, de Essex, Inglaterra, navegó él solo 3,520 km por la costa de Gran Bretaña en una tabla de surf con vela, en un viaje de tres meses.

BUENOS AMIGOS Desde que su hijo adolescente Zhang Kai murió de leucemia en 2004, a Sheng Ru-zhi, de Hefei, China, la han cuidado siete de los compañeros de escuela de su hijo. Cada uno la trata como si fuera su madre y la visita regularmente, la ayuda con las compras y las tareas domésticas, e incluso fueron a ayudarla durante un terremoto en 2008, aunque algunos están casados y tienen sus propias familias.

Cráneos de Paracas

Este cráneo de forma inusual fue uno de los más de 300 que encontró en una fosa común el arqueólogo Julio Tello en Paracas, Perú, en 1928. Son algunos de los cráneos alargados más grandes que se han encontrado. Los científicos creían que esta irregularidad era el resultado de la práctica conocida como deformación craneal, que consistía en envolver la cabeza apretada durante mucho tiempo para darle esa forma. Sin embargo, un análisis de ADN con financiamiento privado de un cráneo de 3,000 años de antigüedad de la región supuestamente indica que pudo haber sido una deformación genética.

115

RETRATOS DE LA REALEZA Desde que empezó su reinado en 1952, a 237 calles les han puesto el nombre de la reina Isabel II, que además ha posado para 129 retratos oficiales.

BRUJA CIBERNÉTICA Para proteger sus computadoras contra virus y hackers misteriosos, algunas empresas de tecnología de Silicon Valley emplean los servicios de la bruja wicca californiana Joey Talley. Se ha convertido en la preferida de los programadores, diseñadores de software e ingenieros que enfrentan problemas que creen que puedan ser de origen sobrenatural. Trata de solucionar problemas técnicos con encantamientos, y en casos extremos, lanza un hechizo de protección sobre toda la empresa.

TEMOR JUSTIFICADO Bradley y Penny Mason compraron una casa desocupada junto a la de ellos en Meyersdale, Pensilvania, EE.UU., con la intención de demolerla, porque temían que se incendiara, y mientras estaban firmando las escrituras en el juzgado, la casa se incendió.

CERO VOTOS El granjero Randy Richardson, de McIntire, Iowa, EE.UU., fue elegido para el consejo escolar local en 2015 a pesar de no haber recibido un solo voto, ni siquiera el suyo propio. Nadie votó en las elecciones, y Richardson, que era candidato único, estaba tan ocupado en el trabajo, que no le dio tiempo para votar por sí mismo.

FUNERALES DE ROBOT Los perros robóticos inteligentes Aibo son tan queridos en Japón, que los dueños los entierran y realizan servicios funerarios para ellos cuando dejan de funcionar. Entre 1999 y 2006 Sony® fabricó unos 150,000 Aibos que se vendieron en 2,000 USD cada uno en Japón, pero ahora es difícil encontrar partes de repuesto.

TRAGEDIA TRASPLANTADA En 1996, Sonny Graham recibió un trasplante de corazón del donante Terry Cottle, que había muerto de una herida de bala autoinfligida en la cabeza. Graham empezó a tener antojos de cerveza y hot dogs (las comidas favoritas de Cottle) e incluso se casó con la viuda de Cottle, y terminó disparándose él también en la cabeza en 2008, en su casa de Vidalia, Georgia, EE.UU.

CRIMEN RARO En 2015, la remota isla escocesa de Canna (con 20 habitantes) sufrió su primer delito en 50 años, cuando unos ladrones robaron su única tienda. El último crimen denunciado en esta isla de las Hébridas Interiores había sido el robo de una placa de madera de una iglesia en la década de 1960.

EL DIOS SHIVA

Tanto los lugareños como los visitantes del pueblo de Kolathur en Tamil Nadu, India, van en busca de buena suerte y la oportunidad de adorar cara a cara al dios hindú Shiva, o al menos a una encarnación suya con su atributo más famoso: el tercer ojo. Este ternero con un ojo extra ha sido aclamado como una bendición por los hindúes, que creen que los animales, en especial las vacas, son sagrados y simbolizan el vehículo de los dioses.

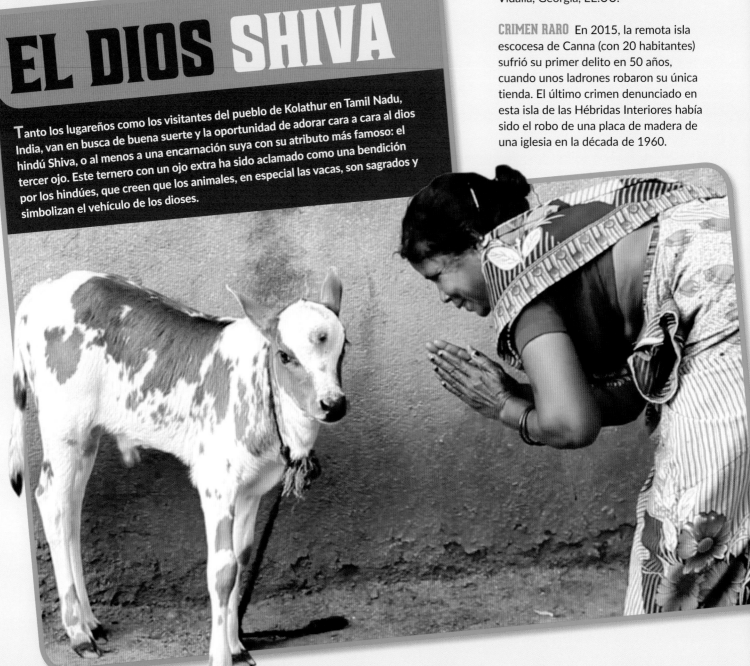

Palo encebado

Panjat Pinang es una celebración única del Día de la Independencia de Indonesia y una de las tradiciones más antiguas del país. Cada 17 de agosto, hombres en equipos de cuatro escalan postes de nogal engrasados, parándose y escalando sobre sus compañeros de equipo. En la cima de los resbaladizos palos hay premios como bicicletas, cubetas, comida y ropa. Los colonos holandeses introdujeron el Panjat Pinang en el país, como una forma de entretenimiento.

NOVIA MANIQUÍ Kate Holder, de Devon, Inglaterra, posó en un vestido de novia en un escaparate de una tienda para novias de Cornualles durante 58.5 horas, casi dos días y medio, para ganarse 7,133 USD y ayudarse con el costo de su boda. Ella y otra novia rival, Tara Attis, podían hacer pausas para el baño cada cuatro horas; ademas, tuvieron que dormir en el escaparate.

Ópalo de arco iris

Hace millones de años, cuando se formó este ópalo, los dinosaurios vagaban por la Tierra, ¡y ahora vale un millón de dólares! El "arco iris de la virgen" se considera uno de los ópalos más finos de su clase; pesa 72 quilates, es como del tamaño de un pulgar y refracta una rica gama de colores. Descubierto por el minero australiano John Dunstan en el tiro de una mina en Coober Pedy, un pueblo responsable del 90% del suministro mundial de ópalos, se exhibe ahora en el South Australian Museum.

PROPUESTA POLICIACA El agente de policía Gregory Parris, de Galveston, Texas, EE.UU., hizo que una patrulla encendiera las sirenas y detuviera un vehículo conducido por su novia, Sara Wolff, por un delito menor inventado, solo para poder proponerle matrimonio.

METAL VOLADOR El 13 de abril de 2015, un incendio eléctrico subterráneo causó una explosión que lanzó una cubierta de alcantarilla a casi 90 m sobre una calle de Buffalo, Nueva York, EE.UU.

FUGA DE SURF Un prisionero escapó de una cárcel de una isla noruega en una tabla de surf. Huyó de la prisión de baja seguridad de Bastoy usando una pala de plástico para remar 3 km en la tabla de surf hasta el continente.

REINADO CORTO Luis XIX fue rey de Francia solo 20 minutos. Sucedió a su padre, Carlos X, el 2 de agosto de 1830, pero rápidamente abdicó en favor de su sobrino Enrique V, que a su vez solo gobernó siete días.

EDUCACIÓN DE PELÍCULA

Durante 14 años, a los siete hermanos de la familia Angulo casi nunca se les permitió salir de su departamento en el piso 16 en el Lower East Side de Manhattan, ciudad de Nueva York, EE.UU., y aprendieron sobre el mundo viendo y memorizando más de 2,000 películas de la colección de su padre Oscar. Los hermanos Bhagavan, Govinda, Narayana, Mukunda, Krisna y Jagadesh y su hermana Visnu no podían salir, porque Oscar tenía la única llave de la puerta principal, que siempre estaba cerrada, porque temía que la ciudad "contaminara" a sus hijos.

NOVIA EN TÁNDEM Los ciclistas Anna Reffell y Lee Atkinson de Devon, Inglaterra, se casaron en medio de un recorrido de 2,240 km desde Escocia hasta Cornualles. La novia llevaba un vestido de novia blanco y el novio un traje en el recorrido de 18 km a la ceremonia en una bicicleta en tándem.

CARTERA DEVUELTA Treinta y cinco años después de que le robaron su cartera mientras estaba de vacaciones en Devon, John Steel, de Wiltshire, Inglaterra, la recuperó cuando la encontraron en la cavidad de la pared de una casa en renovación. La cartera tenía una foto de él cuando era niño y un billete de una libra.

EXPLICACIÓN CLARA Después de que un guardia de seguridad llamado Gu fue sorprendido tratando de llevarse dos maletas de mercancías de una fábrica de comida donde trabajaba, en Pinghu, China, la policía allanó su casa y encontró más de 1,000 huevos en el refrigerador, cada uno etiquetado con la fecha de caducidad. Tras admitir el robo, Gu explicó que "le gustaban mucho los huevos".

ESPOSA GRATIS Cuando Wina Lia, una viuda de 40 años dueña de un salón de belleza, puso a la venta su casa de dos recámaras en Yogyakarta, Indonesia, por 76,500 USD, como parte del trato ofreció casarse con el comprador.

CALZONES NUEVOS Curt Almond, gerente de un restaurante de Bristol, Inglaterra, gastaba más de 3,000 USD al año en ropa interior después de obsesionarse con usar un par nuevo de calzones todos los días. Gastaba 60 USD a la semana en sus Calvin Klein, que luego tiraba después de usarlos una sola vez.

PRUEBA DE AMOR Cuando Wu Hsia rompió con su novia de muchos años Jun Tang para estar con Rong Tsao, las dos mujeres enamoradas discutían tanto, que terminaron saltando en un río en Ningbo, China, para ver a cuál de ellas salvaría Wu. Wu saltó y salvó a Rong, tras llamar a su hermano para que rescatara a Jun.

DIENTE DE ORO Entre los donativos depositados en una cubeta del Ejército de Salvación en Kansas City, Missouri, EE.UU., en diciembre de 2014, había un diente de oro, que vale hasta 100 USD.

PAREJA SALADA Dos casas de Donna y Tim Hillyer, de Londres, Inglaterra, fueron destruidas por accidentes extraños en un lapso de tres meses. En noviembre de 2014, tuvieron que mudarse de su casa después de que un coche se estrelló en su sala y causó daños por 90,000 USD, y en febrero de 2015, una enorme explosión de gas destruyó el alojamiento temporal en el que estaban mientras reparaban su casa.

Flor cadáver

Si bien muchas de las flores del invernadero del Rollins College en Win[...] Park, Florida, EE.UU., emiten un dulce aroma, había una enorme flor de[...] 1 m que, el 19 de abril de 2015, produjo un espantoso olor que llevab[...] años en proceso de creación.

La planta *Amorphophallus titanum*, mejor conocida como "flor cadáve[...] florece solo una vez cada 10 a 12 años y empieza a marchitarse tras 3[...] horas. De hecho, el hedor de esta planta de 170 cm de alto y 76 cm d[...] ancho era tan intenso, que el encargado del invernadero Alan Chryst y el profesor de biología Paul Stephenson tuvieron que salirse varias veces para respirar aire fresco.

Difícil de creer

RELOJ AROMÁTICO Un despertador llamado SensorWake, inventado por el adolescente francés Guillaume Rolland, usa olores distintivos para despertar a la gente. El reloj contiene cápsulas de olor, que emiten aromas de dinero, dulces de fresa, pasto cortado o café y cuernos frescos para animar a los durmientes a despertar.

VIDAS PARALELAS Los dos hijos de Monika Tano, de Birmingham, Inglaterra, nacieron en los mismos días que los de la duquesa de Cambridge. Su primera hija, Liliana, nació el 22 de julio de 2013, el mismo día que el príncipe Jorge, y su segunda hija, Aurelia, nació el 2 de mayo de 2015, el mismo día que la princesa Charlotte, una probabilidad de uno en dos millones.

BOMBEROS EN EL PANTEÓN Los jefes de bomberos de la ciudad de Pingliang, China, decidieron "endurecer" a 20 de sus bomberos haciéndolos pasar la noche en un cementerio local.

Ripley PREGUNTA ?

¿Se muere de curiosidad? El encargado del invernadero, Alan Chryst, nos habla de la flor cadáver del Rollins College.

P *Las flores cadáver son muy raras. ¿Cuánto tiempo tardó el Rollins College en cultivar esta planta en particular?*

R *Adquirimos las semillas en 2004 como parte de un intercambio por algunas de nuestras semillas de cacao, y llevábamos once años cultivándola, con la esperanza de que floreciera.*

P *¿Cómo se prepara la planta misma para florecer?*

R *Cada año, pasa por el mismo ciclo. Se muere y renace, pero cada vez que vuelve, está más grande. Lo que está haciendo es almacenar suficiente energía para producir esta enorme flor, que solo dura 36 horas.*

P *¿Cuándo estuvo más olorosa la flor cadáver?*

R *La planta floreció el domingo por la tarde y fue polinizada el domingo entre la medianoche y las 4 de la mañana, cuando el olor a "carne podrida" era más fuerte, y desprendió incluso vapor a medida que el aire nocturno se enfriaba y la flor se calentaba.*

CASTIGO DE ALTURA Después de que Joseph McElwee fue declarado culpable de agresión contra un agente de policía del Condado de Mayo, Irlanda, el juez Seamus Hughes le ordenó que subiera a la cima de la montaña más sagrada de Irlanda, Croagh Patrick, de 764 m de altura, como castigo.

AYUDANTE DE COMISARIO En 2015, Sam Harris, presentador de radio de Middlesbrough, Inglaterra, fue nombrado asistente del jefe de policía de Dodge City, Kansas, EE.UU., a 7,284 km de distancia.

RAMOS ATRAPADOS Jamie Jackson, de Salt Lake City, Utah, EE.UU., ha atrapado 46 ramos de novia en bodas desde 1996, pero sigue soltera.

ANILLO DEVUELTO Medio siglo después de que perdió su anillo de graduación de la Amesbury High School en una playa de Massachusetts, EE.UU., en 1966, Dan Toomey, de Anchorage, Alaska, lo recuperó. Lo encontró un turista con un detector de metales en la misma playa, enterrado bajo 20 cm de lodo, y buscó al dueño para devolvérselo.

GRADUADO TARDÍO A los 94 años, Anthony Brutto finalmente se graduó de la Universidad de West Virginia, EE.UU., en 2015, 76 años después de empezar. Se inscribió en 1939 y estaba por graduarse cuando lo reclutaron en la Segunda Guerra Mundial. Se reinscribió en 1946, pero no pudo terminar, porque tenía que cuidar de su esposa enferma. Fue solo después de que se jubiló 69 años más tarde que reanudó sus estudios.

ATAQUE DE TIBURÓN En el Reino Unido, el aficionado al futbol Kenneth Meech tuvo que pagar una multa de 140 USD en 2015 por agredir con un tiburón inflable a un acomodador en un partido de la liga inglesa en Barnet.

MISMO CUMPLEAÑOS Durante tres años consecutivos, Shalonda Dominique, de Virginia, EE.UU., dio a luz a tres niños el 13 de marzo. Su hijo Tre nació el 13 de marzo de 2013, seguido por Santana el 13 de marzo de 2014 y Harlem en la misma fecha en 2015.

CAJA DENTAL

Este kit de vendedor ambulante de finales del siglo XIX de Estados Unidos ofrecía a los dentistas, herreros, fabricantes de pelucas, boticarios y otros que "practicaban" la odontología en esa época, una selección de dientes esmaltados falsos en varios tonos y tamaños, para sus pacientes con dientes que se estaban pudriendo. Cada uno de los seis cajones contenía muestras de dientes bien sujetos a pequeñas tarjetas con pasadores de acero, lo que evitaba que las muestras se revolvieran o se perdieran.

BANDERAZO A PIE El juez Michael A. Cicconetti ordenó a Victoria Bascom, de Lake County, Ohio, EE.UU., que caminara 48 km como castigo por no pagarle a un chofer de taxi los 100 USD que debía. Era la misma distancia que recorrió en el taxi.

Sobre el volcán

Lo que parece un gigante que avanza por las nubes es en realidad una enorme pluma de ceniza y humo del volcán Calbuco de Chile, que subió 19 km en el aire. Hariet Grunewald, de la cercana localidad de Puerto Montt, capturó la extraña figura con su cámara. Algunos residentes supersticiosos creen que era una señal de los dioses, ya que el Calbuco no había hecho erupción en más de cuarenta años.

IS DECORATION

NO LE JALE$

> ¡Y además funciona!

Este inodoro de lujo está incrustado con 72,000 cristales Swarovski® ¡y tiene un valor de 128,000 USD! Desafortunadamente, nadie se sienta en este "trono", ya que solo se usa para atraer clientes en el distrito comercial de Ginza, en Tokio, Japón.

INVITADO A LA GRADUACIÓN Cuando Dawnielle Davison se graduó de la preparatoria, el invitado de honor a la ceremonia fue Mike Hughes, el bombero que la había rescatado de un incendio en su casa en 1998, en Wenatchee, Washington, EE.UU., cuando tenía nueve meses de edad. Hughes la localizó por Facebook cuando ella estaba empezando la secundaria, y siguieron en contacto.

PECES ILEGALES El pescador Muoi V. Huynh, de Brockton, Massachusetts, EE.UU., fue arrestado por sospecha de atrapar ilegalmente grandes cantidades de lubina mientras estaba borracho. Lo detuvieron en Buzzards Bay con un cargamento de 122 lubinas negras, cuando el límite legal es de solo ocho.

A TIEMPO Un reloj de retícula de estroncio desarrollado por científicos del Instituto Nacional de Estándares y Tecnología y la Universidad de Colorado en Boulder, EE.UU., es tan preciso que no se atrasará ni se adelantará un segundo en 15 mil millones de años, aproximadamente la edad del universo.

MÁQUINAS MORTALES Cada año, las máquinas expendedoras causan cuatro veces más muertes en Estados Unidos que los tiburones. Cada dos años aproximadamente hay un ataque mortal de tiburón, pero en un período de 17 años, 37 personas han muerto tratando de sacar comida o bebida de máquinas expendedoras, por lo general inclinándolas cuando fallan, un promedio de 2.18 muertes al año.

BOCADILLO ACIAGO Shane Lindsey fue arrestado 20 minutos después de robar un banco en New Kensington, Pensilvania, EE.UU., cuando se detuvo a comer pollo y bisquets en un restaurante a solo dos cuadras de distancia.

GRAN ECOLOGISTA Lauren Singer, de Nueva York, EE.UU., solo ha producido el equivalente de un frasco de basura en dos años. Ya no compra productos empacados, solo compra ropa de segunda mano, recicla sus desperdicios e incluso hace su propia pasta de dientes, desodorante y detergente para la ropa.

BODA EN MASA El comerciante en diamantes Mahesh Savani de la India se hizo cargo de los gastos para que 111 novias de origen humilde sin padre se casaran en la ciudad de Surat en noviembre de 2014.

GRANADA FALSA Una botella de perfume con forma de granada en la maleta de una mujer hizo que evacuaran el tribunal del condado de Hamilton en Cincinnati, Ohio, EE.UU., el 30 de junio de 2015.

OLORES RAROS La empresa Demeter Fragrance Library, de Great Neck, Nueva York, EE.UU., vende perfume con olor a tierra, estanque congelado, curry, langosta, lombriz y funeraria.

IGLESIA DEL TOCINO Fundada en Las Vegas, Nevada, EE.UU., por John Whiteside, la Iglesia Unida del Tocino tiene más de 10,000 miembros en todo el mundo y realiza bodas, bautizos y funerales legales. A cualquiera que desee ser miembro debe gustarle el olor del tocino.

ÍNDICE

AGRADECIMIENTOS

Portada © Markus Gann - Shutterstock.com, © Davydenko Yuliia - Shutterstock.com, © leolintang - Shutterstock.com; 4 (ar/i) Photos courtesy Dominic Wilcox, Stained Glass Sleeper Car of the Future/Photographer Sylvain Deleu, (ab/c) In the Light Urns; 8-9 Quang Le; 10 Eric Millikin; 11 johannesstoetterart.com; 12 (ar) ASSOCIATED PRESS, (ab) Laurentiu Garofeanu/Barcroft USA; 13 Quang Le; 14 (ar) CATERS NEWS, (ab) ASSOCIATED PRESS; 15 Thomas Voor't Hekke, Front404; 16 Picture by: David Parry/PA Wire/Press Association Images; 17 (ar) Trevor Williams/WireImage, (ab) TORU YAMANAKA/AFP/Getty Images; 18-19 Photos courtesy Dominic Wilcox, Stained Glass Sleeper Car of the Future/Photographer Sylvain Deleu; 20 (ar) Photo: XDubai; 20-21 (dp) © Shutterstock/Ashraf Jandali; 21 (ar, ab/d) Photo: XDubai; 22 (ar) EPA/HARISH TYAG, (ab) ATTA KENARE/AFP/Getty Images; 23 TOSHIFUMI KITAMURA/AFP/Getty Images; 24 ASSOCIATED PRESS; 25 Photo: Bas de Meijer; 26 (ar) CATERS NEWS, (ab) ImagineChina; 27 QUADROFOIL/CATERS NEWS; 28 PHOTOGRAPH BY Ruaridh Connellan/Barcroft Cars UK Office/Getty Images; 29 Louisville Mega Cavern; 30 (ar) SHROPSHIRE STAR/CATERS NEWS, (ab) Photo by The Asahi Shimbun via Getty Images; 31 Quirky China News/Rex Shutterstock; 32 (ar) Photos courtesy Dominic Wilcox, Stained Glass Sleeper Car of the Future/Photographer Sylvain Deleu, (ab) MIKE JONES/CATERS NEWS; 33 JOE BROYLES/CATERS NEWS; 34-35 Photo by ChinaFotoPress/ChinaFotoPress via Getty Images; 36 Photos courtesy Sol Cinema, www.thesolcinema.org; 37 (ar) BART VAN OVERBEEKE/CATERS NEWS, (ab) CATERS NEWS; 38 Photo courtesy of Butch Anthony; 40-41 M-1 Global; 42-43 PHOTOGRAPH BY Alexandre Socci/Barcroft Media; 44 (ar) ImagineChina; 45 Andy Cross/The Denver Post via Getty Images; 46-47 (dp) Photo by Matthias Hangst/Getty Images; 47 (ar) Photo by Clive Rose/Getty Images, (ab) Photo by Matthias Hangst/Getty Images; 48 Photo by ChinaFotoPress/ChinaFotoPress via Getty Images; 49 TACTICAL TRAINING SERVICES, LLC; 50 (ar) Photo: Garth Milan, (ab) Mohammad Izani Ramli; 50-51 (dp) Photo: Deven Stephens/DC Shoes; 52-53 MIKE MCKENZIE/CATERS NEWS; 54 CATERS NEWS; 55 ALEX BUISSE/MERCURY PRESS/CATERS NEWS; 58 (ar) ALEX SUKHAREV/CATERS NEWS, (ab) PHOTOGRAPH BY Rustram Saadvakass/Barcroft USA; 59 IAN MACLEAN/CATERS NEWS; 60 (ar) The Asahi Shimbun via Getty Images, (ab) ARCADIA/CATERS NEWS; 61 M-1 Global; 62-63 Photo by ChinaFotoPress/ChinaFotoPress via Getty Images; 64-65 (dp) Courtesy of Elizabeth S. Harding; 66-67 (dp) PIC BY ROBERT GODWIN/CATERS NEWS; 68-69 HAZMAT Surfing by Michael Dyrland I DYRLANDproductions.com; 72 Chris Lee via Getty Images; 73 Liu Jiaoqing/ChinaFotoPress via Getty Images; 74 Jim Dyson/Getty Images; 75 (ar) STR/AFP/Getty Images, (ab) ChinaFotoPress/ChinaFotoPress via Getty Images; 76-77 (dp) Photos by Adele Schaefer; 78 Photography Erik Kwakkel; 79 (ar) ImagineChina, (ab) HEMEDIA/SWNS.com; 80-81 (dp) HAZMAT Surfing by Michael Dyrland I DYRLANDproductions.com; 82 SSPL/Getty Images; 83 (ar/i, ar/d) SSPL/Getty Images; 84 Oklahoma City Public Schools; 85 Courtesy of Stan Skopek; 86-87 Tisha Saravitaya "Tisha Cherry"; 88 (ar) BRADLEY AMBROSE/CATERS NEWS, (ab) ImagineChina; 89 Annabel de Vetten, Conjurer's Kitchen; 90 (ar/i) In the Light Urns, (ar/d) Craig Warga/NY Daily News Archive via Getty Images, (ab) Barnes, Catmur & Friends; 91 Louisa Paintin; 93 (ar) Tisha Saravitaya "Tisha Cherry"; 94 ChinaFotoPress/ChinaFotoPress via Getty Images; 95 Marc Vasconcellos, The Enterprise; 96 YOSHIKAZU TSUNO/AFP/Getty Images; 97 ChinaFotoPress/ChinaFotoPress via Getty Images; 98 ImagineChina; 99 (ar) REUTERS/Stefano Rellandini, (ab) ChinaFotoPress/ChinaFotoPress via Getty Images; 100 Lexi Santos (www.seoulsearching.net); 101 (ar/d) Jason Mecier/Rex Features, (ar/i) https://icons8.com/license, (ab) Henry Aldridge and Son; 102 Public Domain {{PD-US}}, Translation provided by JR Language Translation Services, Inc.; 103 (ar) Kevin Schafer/Getty Images, (ab) ChinaFotoPress/ChinaFotoPress via Getty Images; 104-105 Courtesy of Hospital de Bonecas; 106 Alek Kurniawan; 107 Robertus Pudyanto/Getty Images; 108 (sp) Sabrina Sieck, (ar/d, cr) Courtesy of Cassadaga Spiritualist Camp, (ab) Sabrina Sieck; 109 (ar/i) United States Library of Congress, (c/i, c) Sabrina Sieck, (c/d) Universal History Archive/UIG via Getty Images, (ab) Ann Ronan Pictures/Print Collector/Getty Images; 110 (sp) David McNew/Getty Images; 111 Courtesy of Hospital de Bonecas; 112 (ar) ChinaFotoPress/ChinaFotoPress via Getty Images, (ab) Imaginechina; 113 Photos by Estar Hyo Gyung Choi; 114 Andrew Burton/Getty Images; 115 DeAgostini/Getty Images; 116 CATERS NEWS; 117 (ar) Ed Wray/Getty Images, (ab) Richard Lyons, courtesy South Australian Museum; 120 (sp) © EuroPics[CEN]; 121 (ar) The Asahi Shimbun via Getty Images;

Master gráficos Ripley investiga: © Shutterstock/Iakov Filimonov; Características gráficas: http://subtlepatterns.com/?s=symphony, made by Irfan iLias

Leyenda: ar = arriba, ab = abajo, c = centro, i = izquierda, d = derecha, sp = página única, dp = página doble

RIPLEY MUSEOS

¿TIENE EL SUFICIENTE valor PARA EXPLORAR ESTE MARAVILLOSO MUNDO DE RIPLEY?

Hay 31 Odditoriums de ¡Aunque usted no lo crea! de Ripley en el mundo, donde podrá disfrutar de nuestras peculiares y espectaculares colecciones y desentrañar aún más rarezas.

¡VENGA A VISITAR LOS TRES INCREÍBLES MUSEOS DE MÉXICO!

- **GUADALAJARA**
  Calle Morelos 217,
  Zona Centro, 44100 Guadalajara, Jal.

- **VERACRUZ**
  Blvd. Ávila Camacho 57,
  Ricardo Flores Magón, 91900 Veracruz, Ver.

- **CUIDAD DE MÉXICO**
  Londres núm. 4, Col. Juárez. Del. Cuauhtémoc.
  Ciudad de México C.P. 06600